河北名山

河北省登山协会 编

河北出版传媒集团

河北美术出版社

图书在版编目（ＣＩＰ）数据

河北名山 / 河北省登山协会编 . -- 石家庄 : 河北
美术出版社 , 2018.9
ISBN 978-7-5310-9303-9

Ⅰ . ①河… Ⅱ . ①河… Ⅲ . ①山－介绍－河北 Ⅳ .
① K928.3

中国版本图书馆 CIP 数据核字 (2018) 第 177080 号

策　　划：李　彬
责任编辑：李　沐　张肃珲
责任校对：曹九涛
装帧设计：艾迪·阳光美景
出　　版：河北出版传媒集团 河北美术出版社
发　　行：河北美术出版社
地　　址：石家庄市和平西路新文里8号
邮　　编：050071
电　　话：0311-87060677
网　　址：www.hebms.com
印　　刷：石家庄汇昌印刷有限公司
开　　本：787mm×1092mm　　1/16
印　　张：16
印　　数：1~2000
版　　次：2018年9月第1版
印　　次：2018年9月第1次印刷

定价：128.00元

河北美术出版社　　淘宝商城　　官方微信

　　人们所知道的河北是京畿之地，有华北大平原，有美丽的秦皇岛海滨。但大多数人不了解河北是一个以山地为主的省份，更不知道河北有许多瑰丽的且有丰富历史文化内涵的名山。

　　河北省地形复杂多样，错落分布，山区面积占全省总面积的56.6%，其中有高山、中山、低山、丘陵和盆地。北部有莽莽燕山，西部是巍巍太行山，其中千米以上高山就有100多座。这些名山有中国唯一的大理石山体，有狼牙般奇峰异石，有罕见的丹霞地貌，有奇峡幽谷，有珍稀花卉和动植物，有浩瀚的原始次生林，有华北最大的瀑布群落，有瑰丽奇特的溶洞，有千年古刹，有历代名人遗迹，有战争年代红色革命根据地遗址。

　　孔子云："智者乐水，仁者乐山。"这一论述体现了中国古代思想家对山水的重要地位的深刻认识，体现了山水之间的辩证关系。河北的山孕育了数十条江河，北部的燕山山脉是滦河和永定河发源地，西部太行山是大清河、滹沱河、拒马河等河流发源地。这些河流是河北省和京津两市的主要水源。战争年代，河北这些山脉为冀东、平北、晋察冀、冀南等抗日根据地的创建提供了有利的地势条件，例如，太行南麓驻扎着一二九师，阜平山区

的城南庄是晋察冀军区司令部，河北平山西柏坡是中共中央所在地，新中国从这里走来。河北的巍巍群山为抗日战争胜利和中华人民共和国的建立作出了不可磨灭的贡献。

中华人民共和国成立以后，河北群山以丰富的资源哺育河北，使河北成为全国的钢铁大省、煤炭基地和重要的黄金产地。

"金山银山不如绿水青山"，美丽的河北群山是北京的后花园，是华北之肺。这里有国家级旅游景区和地质公园，这里是冬奥会的承办地。

河北登山协会于2006年建立以后，在组织群众性登山健身活动中发现了众多河北山脉资源，开展了河北名山评选活动，并对这些名山进行了考察，最后编写了《河北名山》一书。

《河北名山》一书收录了河北省34座名山。我们力图以独特视角介绍许多不为世人所知的河北名山的壮丽景色和历史文化传承。应该说，《河北名山》是一本全面系统介绍河北名山的书籍，是一册讴歌祖国大好河山的书籍，也是从历史文化角度了解河北名山的书籍。

这本书虽经数年编写，但随着对这些山的深入了解，我们越发感到文字表达不足以彰显这些山的雄伟气势，越发感觉到"仁者乐山"的真谛。壮哉太行，大美燕山！

王国强

目录 | 河北名山 Famous mountains in Hebei

张家口市 ● ▲ 崇礼群山
赐儿山 ▲
▲ 海坨山
鸡鸣山 ▲
小五台山 ▲
飞狐峪 ▲
▲ 野三坡
白石山 ▲ 狼牙山 ▲
▲ 大茂山
天生桥 ▲
五岳寨 ▲
天桂山 ▲ ▲ 驼梁峰
西柏坡 ▲
仙台山 ▲ ▲ 抱犊寨
● 石家庄市
▲ 苍岩山
▲ 嶂石岩
▲ 大峡谷
● 邢台市
▲ 天河山
庄子岭 ▲ 古武当山
中皇山 ▲ ▲ ● 邯郸市
▲ 将军岭

● 承德市
金山岭 ▲ ▲ 磬锤山
▲ 雾灵山
▲ 祖山
▲ 景忠山 秦皇岛市 ● ▲ 长寿山
▲ 碣石山
联峰山 ▲
● 唐山市

★ 北京市

● 廊坊市
天津市 ●
保定市 ●

● 沧州市

● 衡水市

《河北名山分布图》

第一章

祖山

中国临海最近的千米高山

祖山位于秦皇岛青龙县境内，是中国临海最近的雄峻千米高山，距渤海 58.5 千米，其主峰天女峰海拔 1482 米，是一处以雄险的山景为主体特色并具有历史文化内涵的山岳型国家级风景名胜区。由于渤海以北、燕山以东诸峰都是由它的分支绵延而成，故以"群山之祖"命名，当地人又称之为老岭。这种濒临大海而又一览众山的山势造就了祖山独特的山海风光。登临天女峰，东观日出，南追帆影，西望长城，北俯群山，不尽美景尽收眼底。游人赞誉祖山有奇险的山景和明秀的水景，著名诗人臧克家老先生则以"画境诗天"美誉赞之。祖山地处燕山多雨地带，年降水量

平均在 1000 毫米，水资源丰富。大自然的鬼斧神工在祖山的峰
巅沟壑雕塑了很多似人似兽的奇峰怪石。祖山植被茂密，覆盖率
在 96% 以上，植物物种多达 260 多种。春季繁花似锦，野杜鹃、
山桃花、紫丁香、八仙花、樱花盛开，更有一种被称为世界植物
活化石的珍稀花卉天女木兰，以其白花红蕊黄芯绝美的芳姿装饰
点缀着这雄山峻岭。每年 5 至 6 月份天女木兰盛开时节，游人如
织，争睹天女木兰的芳容，形成了中国山岳独特的节日——天女
木兰节。祖山夏季风凉气爽，云蒸霞蔚，溪流潺潺。云海、云流
和云瀑是祖山夏季的特有景观。因祖山海拔较高，又濒临渤海，夏
季登临任何峰顶，都可观到滔滔的云海，感到擦肩而过的朵朵白
云。秋季，红叶满山，野果飘香，呈现出赤、褐、黄、绿、紫的
缤纷色彩。冬季，苍松翠柏，冰瀑挂山，银装素裹，玉树琼花。可
以说，祖山一年四季美不胜收。

　　说到祖山人文景观，不能不说祖山长城和望海寺。明长城东
起秦皇岛山海关老龙头，随地形变化蜿蜒盘亘，直到祖山已高高
屹立于陡崖之间。祖山长城有花厂峪、苇子峪、义院口和箭杆岭
四个关口，由于山势高耸，自然是雄奇壮观。祖山有望海寺、金

祖山杜鹃花

祖山云海

光洞等寺庙。苇子峪南沟有辽代铁瓦乌龙殿遗址，殿东曾有佛塔四座，不幸被毁；殿东北一千米路旁的一块巨大卧牛石上刻有"南无阿弥陀佛"六个大字。祖山曾是佛教圣地，千年古刹，殿宇巍峨，晨钟暮鼓，使祖山又增加了许多神秘色彩。

秦皇岛市每年有数百万游客，但大多集中在暑期6、7、8三个月，且集中在海滨。秦皇岛市决心开发山岳旅游和冬季游，把通往祖山的路建成花海大道。新奥集团新绎旅游在祖山脚下开发了集吃、住、玩、滑雪于一体的天女小镇，祖山也会逐渐成为秦皇岛海滨之外的"客厅"。

（书封面为祖山云海山景）

· 天女木兰

　　天女木兰又叫天女花或小花木兰，属木兰科。木兰属落叶小乔木，它是冰川期幸存下来的珍稀花卉，拥有"植物活化石"之称，属于世界名贵花木。天女木兰在中国、日本、朝鲜等国都有生长，在我国祖山分布最多。天女花与众不同，它喜欢凉爽湿润，讨厌高温干旱；喜欢肥地沃土，讨厌瘠薄多碱；喜欢巨石深缝，讨厌一马平川。而这些条件祖山无一不具，颇受天女花青睐。

　　目前在画廊谷西段、望海寺北山、王母峰西麓、天女峰北麓、八仙峰西麓，天女花都成片生长。综观这五片天女花海，可以看出它喜欢丛生。树高 3 至 8 米，枝干犹如银铸，上面布满环纹；绿叶形如倒卵，具有皮革质感；花朵如碗口大小，似白玉雕刻一般，雄蕊嫩紫，雌蕊金黄，白、紫、黄三色搭配在一起，格外高雅圣洁。

画廊谷

·画廊谷

　　画廊谷景区是一条东西走向的长峡，从祖山东门去望海禅寺，必须穿过这条长峡。画廊谷长五千米，两侧有骆驼石、窟窿山、孔明帽、神龙探海等奇峰怪石，又因溪水忽隐忽现，景色秀丽，人称"画廊谷"。过去在这条长峡里，卧牛石一个挨着一个，溪水绕着卧牛石哗哗流淌，游人走在长峡里，就像小鸟一样在这些卧牛石上跳来跳去，最早人们称它"三千六百跳"。直到1995年，在峡谷里从树空和石缝中修建了一条步游道，顺着步游道一边登山，一边看两边的奇峰怪石，就像走在画廊里欣赏一幅幅美丽的山水画，其中包括老君炼丹、五潭映月、石畔观鱼、神笔书天等景点。而后，人们把"三千六百跳"更名为"画廊谷"。

窟窿山

望海禅寺观海

·望海禅寺

望海禅寺位于祖山的半山腰、坐西朝东，三面环山，一面通向画廊谷。站在寺院中，能够东望渤海，所以古人将这座寺院叫作"望海寺"。据清代《临榆县志》记载，望海禅寺始建于金代大定年间，也就是公元1161至1189年间，由比丘张三峰创建，至今已有800多年的历史。到了明代，曾经进行三次重修，但到了清代中期以后，无人修缮，废砖烂瓦散落林间，被世人称为"砖庙"。2002年夏天，全国佛教协会副会长、河北省佛教协会会长净慧大师选中这块风水宝地，决心恢复望海寺，并于当年冬季亲自来到祖山主持奠基仪式。直到2008年7月，金代名刹望海禅寺才修复完毕，从而使望海禅寺以崭新的面貌呈现在世人面前。

·天女峰

　　祖山五奇（山奇、水奇、花奇、石奇和树奇）之中，山奇排在首位。千米高峰就有 20 多座，其中主峰天女峰海拔 1428 米，而且还有窟窿山、棋盘山、山字峰和那举世罕见的会奏乐的响山。据《永平府志》记载："响山高数百仞，峭壁滑石，不生草木。山半石洞南向，相传有比丘往焉，常时山响如崩裂。"据附近百姓说，每逢阴雨多风天气，响山能发出笙箫笛管、百乐齐鸣之声。山非瑟鼓，何以发声呢？有人说这里是个地震带，每逢地震，响声便隆隆而至；有人说山中有水与海水相通，音乐声乃海水涨潮声。经地理学家考察认为，此山经数万年的风化和断裂，使得此山的石柱、石穴、石壁、石罅极多，而这些又处于千米高峰，强劲的山风由谷外吹来，无任何阻挡，加之南北也是千米陡壁，便擦壁如琴，入穴如笛，搏柱如钟，穿罅如吕，西面又有主峰天女峰相堵，形成一个天然的共鸣箱，才奏出了忽扬忽抑、经久不息的山石交响乐，笼着袅袅乐音，使之不易散去。

冰臼

八仙峰

五人石

· 祖山奇石

祖山奇石浩如繁星，山巅坡坳，幽谷水旁，随处可见。景区内有名的奇石多达百余个。景区内的奇石景观中，最富特色的有如下几处。

五人石： 五尊巨石因形状酷似人形而得名"五人石"，位于祖山景区的中部，有人甚至认为它的栩栩如生是人工堆砌而成的。

冰臼： 关于冰臼有这样一段传说。相传，七仙女经常到祖山的北龙潭瀑布沐浴，沐浴后就到这儿晒太阳，久而久之就留下了这个印迹。

八仙峰： 此峰海拔 1390 米，是祖山第二高峰，峰顶奇石众多，犹如人形。每当云海涌来，这些奇石在云海中如影如幻，好像八仙过海，各显神通。

石瀑： 祖山石经过多年风化后形成了众多的如瀑布般的碎石带，散落在群山和绿树群中，为一独特景观。

石瀑

祖山明长城

· 明长城

　　明长城防御体系是由城墙、敌楼（台）、墙台、烽火台、关隘城堡等建筑共同组成的。祖山一带群山连绵，长城如龙，见头不见尾，敌楼多得数不过来。祖山明长城为蓟镇总兵、抗倭名将戚继光主持修建。敌楼建筑于长城墙顶或山巅，成正方形或长方形，分上下两层。上层设有箭窗，并置有燃放烟火的信号设施；下层辟有券门、楼梯，可供士兵暂歇或存放武器之用。敌军来犯时，守兵登楼迎战，铳炮和矢石居高临下，使敌军不能近楼(台)。而敌军逼近城墙，守兵再凭借敌楼(台)的台体从侧面射击来犯之敌。

·天女小镇

  天女小镇距离秦皇岛市中心约 20 千米，是第二届河北省旅游产业发展大会的重点观摩项目。天女小镇由新奥集团新绎旅游投资兴建，占地约 1512 亩，围绕"山地康养、四季体验"打造以游客服务接待中心为主，涵盖商业区、民宿区、冰雪运动区、康养区、水疗区等"一心五区"的康养度假小镇。

  小镇融入生态康养、运动康养、禅修康养等新业态，打造秦皇岛景区带动特色小镇且辐射美丽乡村的代表项目。天女小镇项目建设包括生态停车场、景观水系、民俗广场、游客接待中心、商业广场、特色民宿、滑雪场等。这些项目完工后，不仅能极大地丰富秦皇岛市的旅游产业结构，承接祖山景区的综合服务区功能，而且将实质性地提升秦皇岛区域的旅游品质。

·导览图、行车路线

  1. 自驾路线：沿京哈高速行驶到秦皇岛北收费站驶出，继续行驶 300 米左右向左前方转入秦青路，行驶 9.3 千米后左转入祖山线，行驶 4 千米后向左前方转入祖山线，行驶 5.7 千米可到达祖山景区附近。

  2. 公交路线：在秦皇岛火车站乘坐旅游专线 2 路（秦皇岛火车站至祖山景区方向），经过 9 站，到达祖山风景区售票处。

第二章

碣石山
观海圣山

1954 年夏，毛泽东在北戴河写下《浪淘沙·北戴河》一词："大雨落幽燕，白浪滔天，秦皇岛外打鱼船。一片汪洋都不见，知向谁边？往事越千年，魏武挥鞭，东临碣石有遗篇。萧瑟秋风今又是，换了人间。"词写得豪迈。其中"东临碣石"指的就是河北昌黎的碣石山，这个典故出自东汉末期。曹操统一北方，曾到秦皇岛登临碣石山并写下《观沧海》一诗："东临碣石，以观沧海。水何澹澹，山岛竦峙。树木丛生，百草丰茂。秋风萧瑟，洪波涌起。日月之行，若出其中。星汉灿烂，若出其里。幸甚至哉，歌以咏志。"这首诗写曹操登临碣石山，俯瞰大海的壮丽景色，抒发了登山观海的豪迈气概。毛泽东曾说，曹操的文笔诗词直抒胸

碣石山

臆，豁达通透，应该学习。碣石山海拔虽然不高（695米），但历代名人多次游览，中国共产党革命先驱李大钊曾七次山居这里。

碣石山位于昌黎县城北，跨越昌黎、卢龙和抚宁三县（区），属燕山山脉，连绵起伏，有大小百座奇险峻峭的峰峦。其主峰仙台顶（又名"汉武台"，俗称"娘娘顶"），顶尖呈圆柱，远望如碣似柱，极像直插云霄的天桥柱石，山因此得名"碣石"。碣石山景区内主要景点有仙台顶、天桥柱、五峰山、龙潭洞、水岩寺、碣阳湖。悬崖上留存古人所刻"碣石"二字。登临仙台顶，俯瞰大海，西起滦河入海口，东至山海关秦皇岛港，茫茫无边，天海一色，确实为"碣石观海"圣地。因主峰险峻，且濒临大海，位置重要，远古时即载入最早的地理名著《山海经》和《尚书·禹贡》。碣石山属于古代名山，虽在五岳之外，却有"神岳"之美誉。

碣石山李大钊塑像

· 水岩寺

　　水岩寺位于碣石山景区的宝峰台上，又名"宝峰寺"。水岩寺之名，以依水傍岩得称。山环水抱，幽雅清秀。每到春暖花开时节，桃杏芬芳，樱花似雪，梨枝银白，各种野花缤纷竞放，伴着淙淙流水，游览古寺，畅话春意，令人赏心悦目，历来为昌黎游春胜地。其景为古碣石十景之"水岩春晓"。

　　水岩寺是秦皇岛地区著名寺庙，历来香火旺盛，高僧云集。龙潭洞镶嵌在碣石山主峰仙台顶东部山腰的绝壁高处，藏匿于水岩寺东北约 1.5 千米处的坡岭之上，是仙台顶的一大奇观，因洞在绝壁之上，又称"龙蟠灵壑"，在辽、金时就已引得游人格外青睐。龙潭洞深三丈有余（十多米），中有一潭，泉水清香，四季长流。龙潭洞下坡岭宽阔，溯涧流而上，一路峭石叠立，乱石滚滚，草木丰茂，山径时隐时现，须游人奋勇攀登。

· 仙台顶

　　仙台顶是碣石山主峰，为古今观海之胜境。顶尖形貌奇特，突起于宽博坦荡的千仞绝壁之上。仙台顶由两座南北对峙的峰峦叠成，南望视为一体，极似一方凌空拔起的柱石（碣石山因此而得名），石上镌有"碧云峰"三个大字。由水岩寺（遗址）登仙台顶，沿石阶两侧建有憩亭十余座。

"碣石极顶"石刻

· 五峰山

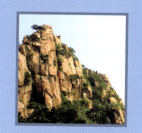

　　五峰山，位于仙台顶东西两侧，各有五座山峰，被称为东五峰山和西五峰山。东五峰山矗立奇特，北名平斗，东名望海，西名挂月，东北名锦绣，西北名飞来。山腰建有韩文公祠，系明崇祯十四年 (1641 年) 山海关督师范志完所建，内塑唐代大文学家韩愈的塑像。范志完还在庙后高处峭壁上令人刻下"泰山北斗"和"五峰环翠"八个大字。革命先驱李大钊于清宣统元年至民国 13 年（1908 ～ 1924 年）曾先后七次在这里山居和政治避难，1919 年撰写了《我的马克思主义观》以及与胡适论战的《再论问题与主义》两篇马克思主义论著。这两篇文章影响很大，1949 年毛泽东曾说："李大钊对我影响很大，没有他，我现在不知道在哪里。"

　　五峰山韩文公祠又称韩昌黎祠，是专为纪念在宋元丰年间被追封为"昌黎伯"的唐代大文学家韩愈所建的庙宇。该庙宇几经增建修葺，形成今日"中为正殿三间，东为客厅三间，西为耳房两间"的格局，成为到碣石山中觅幽览胜的绝佳去处。前往游览和山居者络绎不绝。

· 碣阳湖

　　碣阳湖位于碣石山山脚下，相传是秦始皇东临碣石，镌刻"碣石门辞"的地方。湖面 0.6 平方千米。湖被群山环抱，山被湖水映衬，青山碧水，交相辉映，被人们誉为"碣阳碧水"。

· 天桥柱

　　在碧云峰西北 2.5 千米的一道山崖上端，有一石柱如塔高耸，呈四方形，高达 30 多米。石色青白，四面如刀砍斧劈，陡直峭立。柱的上半部由三层巨石摞就，巍然挺拔，直冲霄汉，这就是被古人称为"天桥柱"的奇石。

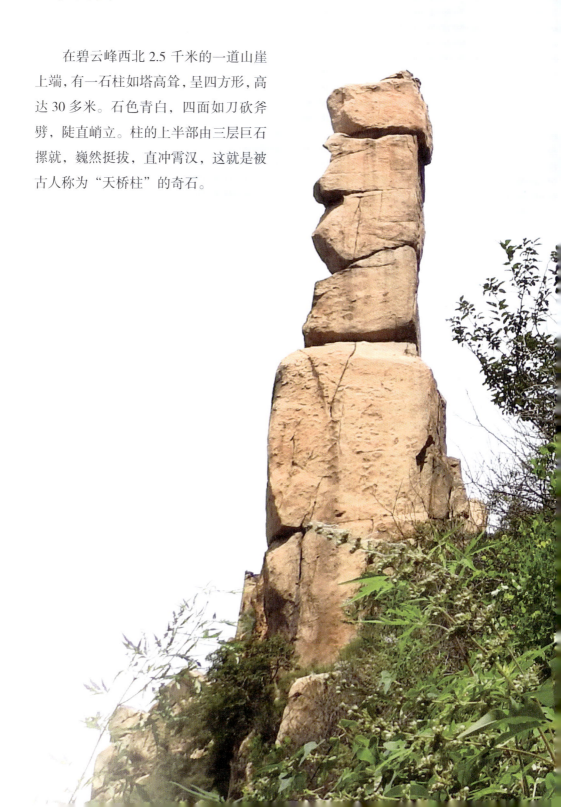

· 龙潭洞

龙潭洞在水岩寺东北绝壁之上。洞深十余米，洞口有门，洞内有潭，潭深3米多，水从石壁流淌，云气蒸腾。洞下有巨石峙立，上刻有《辽代营州领海军题记》二百余字，为太康五年（1079年）五月十九日刻。洞南石崖上有金代北平牧高侯贰车王公的游记刻石。

· 导览图、行车路线

1. 自驾路线：沿秦滨高速行驶到抚宁南收费站驶出后右转进入 L16 省道，行驶 2.9 千米后右转进入 205 国道，行驶 7.8 千米后向右前方转入东外环路，行驶 1.7 千米后左转进图 261 省道，行驶 2.8 千米后向右前方进入韩愈大街，行驶 2.9 千米后向右转入碣阳路，行驶 2.8 千米可到达碣石山景区附近。

2. 公交路线：在昌黎火车站乘坐昌黎 3 路（昌黎火车站至碣石山风景区方向），经过 11 站到达水岩寺站，步行约 100 米到达碣石山风景区。

第三章

长寿山
以长寿为主题的山野公园

长寿山位于山海关城东北约9千米处，东起黄牛山，沿长寿河流域呈东西走向，东西长6.5千米，是一处集自然景观与人文景观于一体的风景名胜区。整个风景区以长寿河谷的自然风光为基础，集山、石、洞、窟、溪及中草药植物为一身。长寿山上因有大量的"寿"字书法而得名，历代的书法大家都在此留下过关于"寿"字的墨宝。

长寿山，喻人长寿，古今交融，峰奇石异，山水相映，水趣洞幽，神游幻思，美不胜收。长寿山的主要景观包括悬阳洞、神医石窟、寿字碑林、三道关、世外桃源、石门胜迹、一线天、小三峡、佛掌峰等。其山以雕塑、建筑、书法和园林等手法为主要的表现形式，新颖独特，是非常具有民族特色还不失现代精神的

旅游胜地。

长寿山被誉为长城脚下的天然园林，整个风景区以自然风光为基础，以长寿延年为主题。到这里游玩，您既可以观赏别具一格的山情水趣，又会被当地的民族文化艺术的魅力所震撼，游走山中，还可以领悟到延年益寿的真谛。走进门口，首先会看到峭壁上"长寿山"三个遒劲有力的大字，这三个字是当代著名书法家孙墨佛先生所书。进入其中，会看到以李时珍、华佗、张仲景等古代名医雕像组成的"神医石窟"。石窟内的名医雕像由雕塑大师刘开渠、雕塑家曾竹韶和傅天仇教授创作设计，而石窟内的摩崖石刻是由著名书法家吴作人先生手书。

从山名中可以看出，此风景区与"寿"有关。景区内以书法、雕刻和园林设计等多种形式来反映长寿延年的主题。其中景区中部寿山上的寿字碑林中，嵯峨巨石上镌刻着不同朝代、不同字体的中国历代书法家写的"寿"字。东汉礼器碑"寿"字为碑林首席，当代书法家黄绮"寿"字为碑林首题，排布一气呵成，是难得的书法精品。这一处碑林也是书法爱好者的向往之地。

·长寿山石洞

　　长寿山石洞之最要数悬阳洞了，横跨过一座石桥后，就可以看到古树掩映、奇妙而幽深的古洞悬阳洞。洞两头宽阔，中间狭细，全洞总长达117米，其中前洞为悬阳洞的主体洞穴，进深37米，宽14米，高13米。此洞是一个天然形成的穿透式的花岗岩洞，而我国自然溶洞多为石灰岩洞，像此处这么高的花岗岩洞在我国北方实属罕见。悬阳洞始现于明代，洪武年间（1368~1398年），一个四川峨眉僧人来此修建寺庙并雕刻了塑像，还以汉隶形式留下第一笔"蜀人创修"。随后明代魏国公徐达1381年在山海关建关设卫。这里边臣游子聚会，僧人道士云集，百姓香客络绎，文人墨客咏诵，到了清末也有来华外国人士涉足。但20世纪30年代后，悬阳洞逐渐走向了颓废。到了20世纪60年代，洞内的佛像、庙宇已被毁坏一尽，只留下了洞壁上的"悬阳洞""清虚凌空""万善同归""通天幻境""别有洞天""紫塞桃源""地接天根""万古流芳"等十幅刻石及万历三十年（1602年）的《悬阳洞诗碑》、明崇祯八年（1635年）的《观音洞碑》以及康熙四十四年（1705年）的《造钟碑记》。

·神医石窟

　　神医石窟位于药王岭山腰的峭壁之上，石窟内有以名医李时珍、华佗、张仲景等为主体的摩崖石窟群。石窟群像由我国著名雕塑大师刘开渠以及雕塑家傅天仇、曾竹韶教授创作设计，其中石窟内的"神医石窟"摩崖石刻为著名书画家吴作人先生手书。此外还有国际游客的摩崖碑题。此石窟内集中医学、书法和雕刻艺术为一体。依自然山势而造的景观，创意新颖，别具一格，让后人领略到中国传统医学的博大精深和炎黄子孙的聪明才智的同时，也让世人被石窟内的雄伟气势所震撼。

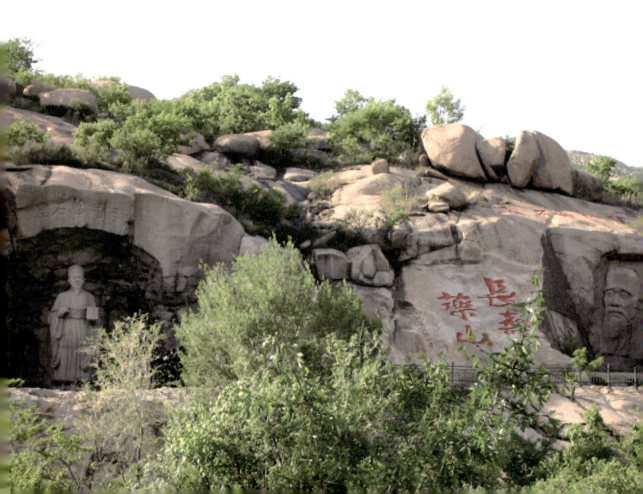

·石门胜景

　　走出世外桃源后会来到独具北国山川特色的石门胜景风景点。对峙的石门山上镌刻着明代古朴雄深的"百二山河"四个大字，两侧山形如刀削斧劈，气势磅礴，蔚为壮观。人工开凿的一线天，系石门的要塞，置身其中，仿佛天系一线，让人毛骨悚然，上有飞来石，下踞长寿河，左依古堡，后依高丽营盘遗址，大有"一夫当关，万夫莫开"之势。石门为军事的要塞，史上朝廷曾多次在此驻兵把守，唐代高丽人常向中原进犯，薛仁贵在此与之大战，高丽军兵败，弃营而退，现仅留下此遗址作为历史的佐证。经石门一线天向右环行，随后可看到花鸟翠树中，有一奇石碧潭，游鱼戏水，微荡涟漪。相传何仙姑曾出游至此，见水清澈映影，便宽衣而浴，撩水洗面，忽发觉脸上麻子皆无，复掬轻抚，则现一对迷人酒窝，故称"璇匮潭"，其放衣石被称为"衣架石"，因为形状好似河马，也成为游客野游露餐的佳地。

·寿字碑林

寿字碑林是长寿山景区内标志性景观之一，它是利用了中国传统书法艺术且结合了长寿山奇峰异石的特点而建造的人文景观。在大小不一、形态各异的石块上雕刻着历代书法家所写的"寿"字，字体不同，风格迥异，其中不乏书法大家的珍品，例如王羲之、颜真卿、欧阳询、米芾、苏东坡等。这些因石而制的摩崖雕字，或隐或现，或藏或露，字形各异，神采飞动，那异曲同工的百家书风，构成了中国历代书法名家之"寿"字大成，表现了中华民族书法文库的独特神韵，成为东方雕刻与书法相融合的艺术风景。

·导览图、行车路线

1.自驾路线：在京哈高速孟姜收费站驶出，沿京哈高速出口行驶400米后向右前方行驶进入102国道，行驶5.4千米后右转进入长寿山路，在长寿山路行驶8千米即可到达长寿山景区附近。

2.公交路线：在山海关火车站乘旅游专线4路车（山海关火车站至长寿山方向）即可直接到长寿山。

第四章

联峰山

　　联峰山海拔 153 米，由三座松林覆盖的山峰组成，因山势连缀，故有联峰之称。山势远眺又似莲蓬，亦称莲蓬山。这山林相间、海山一色的美丽风光，在我国著名的避暑胜地北戴河傍海绵延 5 千米。这座位于秦皇岛市北戴河海滨中心的百年森林公园，也是中国最早的公园之一，1919 年，由晚清大臣、民国政府代国务总理朱启钤修建（当时称莲花石公园）。古人云，山不在高，有仙则灵。自 19 世纪以来，联峰山就是览胜之地。1938 年的《海滨地方志略》曾集秦皇岛地区名胜二十四景，联峰山景区即占十四景。自 1954 年起，这里成为中央领导的暑期办公地。毛泽东、周恩来、刘少奇、朱德、邓小平等老一辈革命家在此留下许多感人故事。

　　山间有怪石、奇峰和古刹。石有避雨石、试剑石、福地石、瓮石、莲花石、月亮石、狮石；峰有神犬峰、神度峰、鸡冠峰等；古刹有如来寺、观音寺、卧佛洞等。

· 望海亭

　　望海亭坐落在北戴河海滨最高峰——海拔153米的东联峰山的主峰上，有道是："不登联峰望海亭，毕竟不识北戴河。"登上望海亭，向远眺望，天之高，海之阔，北戴河之壮美，尽收眼底，一览于胸。望海亭四周包括山海关角山、秦皇岛港、鸽子窝、金山嘴半岛、中海滩老虎石、栈桥码头、戴河口、南戴河海滨、昌黎碣石山、骆驼石等景观，向北是逶迤连绵的燕山山脉。联峰山环境清幽，空气新鲜，有时还能看到海市蜃楼的奇观。这样优美又神秘的景观，非常具有吸引力。一百多年来，在联峰山的绿树丛中，营造了一幢幢别墅，修建了一座座亭台，居住过一个个历史风云人物，演出过一出出正剧、悲剧或喜剧。正因为如此，联峰山又平添了一分神秘的色彩，提升了无限魅力。

·神 山

　　神山又名神度峰，位于望海亭的西侧。从远处眺望，此山峰的外形就好似一个盆景。山上一个高 12 米、宽 8 米的"神"字摩崖石刻，豁然入目，大有凛凛神威之感。山中隐藏着 30 多处名人名言石刻。顺着软梯向上攀爬，可登上两峰间飞架的"神桥"。站在"桥"上，头顶蓝天，环顾四面青山，听松涛阵阵，恍临仙境。

· 避雨石

　　避雨石位于鸡冠山的半山腰上，两块如伞的巨石向前倾斜前伸，形似一把巨伞悬在半空中，高3米有余，石下可容纳三至四人坐息，确是避雨的好地方。避雨石西侧有棵松树，被称为奋臂松，植根于岩石缝中，苍劲挺拔，两枝舒展，如壮士奋臂，是北戴河海滨奇松之一。临风亭往南，还有一块瓮石，游人至此，都以拍击瓮石为快。

· 观音寺

　　莲花石北、东联峰山的山腰上有一座观音寺。观音寺始建于明末清初。因为该寺庙系仿北京广华寺所建，故又名"广华寺"。观音寺的整体建筑风格为四合院式，砖木结构，山门为单檐歇山顶，面宽和进深各一间。门呈拱形，门内正中有泥塑观音坐像一尊。寺庙的东西两侧墙壁上绘有壁画，山门的两侧各有一门，东配殿与南墙间设一角门，西北角有一回廊与静修禅院相通。东西配殿均为单檐硬山直柱前廊式，面宽三间，进深两间，建筑结构以小青砖铺地，白灰勾缝，清石台基。寺庙的正殿内供观音立像，系仿北京广济寺佛像雕刻而成。其足踩洁莲，手持净瓶，面容恬静，线条流畅。另外有两尊木雕男女童像分立两旁。寺院的东南角有一口古钟，系明嘉靖四十年（1561年）铸造，寺内还种植着白果、罗汉松、虎皮松、龙爪槐等树木，掩映着红窗绿瓦，古朴幽静，肃穆典雅。

· 联峰古树

　　联峰山以登山览胜和林中探幽为特点，原有的地形地貌和植被保存完好，森林覆盖率达98%。山上有2300多株树龄在300余年的油松，百年古槐和栎树比比皆是。在闹市中能在这里听松涛，看林海，实为难得。在联峰山除了听松则是看海了，山的最高峰建有望海亭，登亭览海，观渤海日出，景色壮丽，令人心旷神怡。

· 如来寺

　　如来寺原位于西联峰山东坡，始建于明朝嘉靖年间，于咸丰五年(1856年)和同治二年(1863年)曾经历过两次大修。1939年，侵华日军在占领西联峰山后拆毁了古刹。1940年，当地乡民将古刹搬迁到这里。在中华民族遭受苦难的年代，中国人民的宗教信仰都被侵略剥夺，神佛也被驱赶，这座寺院就是历史的见证。"文革"期间，此寺院又遭到严重的破坏。1991年，北戴河人民政府拨款对寺院重新大修后，如来寺对游客开放。2010年，景区又对寺院进行了大修。

· 鸡冠山

　　鸡冠山位于联峰山主峰东北方向约 550 米处，因主峰形似鸡冠而得名。山体为早元古界地层，海拔 130 米，林木葱郁，奇石嶙峋，风景秀丽。1893 年，在唐山传教的英国传教士"甘林"来到北戴河后就看中了鸡冠山这块宝地，并在鸡冠山上修建了北戴河的第一栋别墅（"文革"期间被拆除），将"鸡冠山"改名"甘林山"。1898 年清政府宣布北戴河为避暑区后，中外名流购地置屋，先后建了 700 多栋别墅。北戴河与庐山、青岛、厦门号称中国四大别墅群。北戴河现存多座百年的别墅，有的为国家重点文物保护单位。这些别墅建筑风格迥异，但大多是红顶素墙，映在绿树碧海之中，形成一道亮丽的风景。

·神犬峰

　　神犬峰的峰顶有一座高大的巨石，远望好似凶猛的恶犬卧在那里，虎视眈眈地看向远方，故名"神犬峰"。所谓"神犬"，就是传说中二郎神的"哮天犬"，在此撒野被观世音的护法神韦驮打败，用镇山宝杵定为石狗，这里就留下了神犬峰。

·导览图、行车路线

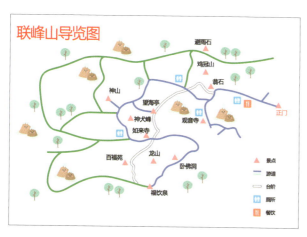

联峰山导览图

　　1. 自驾路线：在京哈高速行驶至北戴河收费站驶出，在京沈高速连接线上继续行驶2.2千米后向右前方行驶进入西海滩路，行驶7.9公里左转进入剑秋路，继续行驶1.2千米可到达联峰山附近。

　　2. 公交路线：在滨海汽车站乘5路公交（海滨汽车站至北戴河火车站方向），经过五站，到联峰山公园站下车，步行约150米到达联峰山。

第五章

塞罕坝

河的源头 云的故乡 花的世界 林的海洋

塞罕坝位于河北省最北部，属于内蒙古高原的东沿，处于山地丘陵地带，海拔高度在 1100 至 1940 米，总面积 141 万亩。此地属寒温带季风气候，夏季气候凉爽，最高气温一般不超过 25°C。森林面积 110 万立方米。是清代皇家猎苑——木兰围场的一部分。

塞罕坝自古就是一处水草丰沛、森林茂密、动物繁集的天然名苑。在辽金时期，塞罕坝被称作"千里松林"，曾作为皇帝狩猎之所。1681 年，清朝康熙帝在平定了"三藩之乱"后，巡幸塞外，看中了这块"南拱京师，北控漠北，山川险峻，里程适中"的漠南蒙古游牧地。康熙帝借皇帝"春蒐、夏苗、秋狝、冬狩"四季狩猎的古代礼仪，锤炼满族八旗的战斗力，实行怀柔政策绥服蒙古，遏制沙俄侵略北疆，维护多民族国家的团结统一，巩固国家政权，以喀喇沁、敖汉、翁牛特等部"敬献牧场，肇开灵圃，岁行秋狝"的名义，设置了"木兰围场"，将"木兰秋狝"定为祖制。史学家称之为"肆武绥藩"。

"木兰围场"的满语名称"木兰辉罕"，汉译为"哨鹿设围狩猎之地"。"木兰"，满语是"哨鹿"之意，是清帝行围的一

种方式。据《满汉大辞典》记载，猎人在黎明前隐藏在森林深处，头戴鹿皮帽，口中吹起木或桦皮制的长哨，模仿鹿鸣求偶声，以此引诱鹿以及猛兽为觅食而聚拢，给猎人创造好时机，伺机狩猎捕杀。据历史记载，木兰围场作为塞外的皇家猎苑，自康熙二十年（1681年）到嘉庆二十五年（1820年）的139年间，康熙、乾隆、嘉庆三位皇帝共举行木兰秋狝105次。这里还曾举行许多重大活动，成为清帝避暑以及联络北方蒙古诸部和其他少数民族活动的重要场所。诸如"乌兰布通之战"等一些历史重大事件，也是在"木兰围场"与"避暑山庄"运筹决策的。可以说，一个木兰围场，就有半部清史。

随着清王朝历史的推移，因吏治腐败和财政颓废，内忧外患的清政府在同治二年（1863年）开围放垦，随之森林植被被破坏，后来又遭日本侵略者的掠夺采伐和连年山火，原始森林已荡然无存，当年"山川秀美，林壑幽深"的太古圣境和"猎士五更行""千骑列云涯"的壮观场面已不复存在。塞罕坝地区退化为高原荒丘，到解放初期，原始森林呈现"飞鸟无栖树，黄沙遮天日"的荒凉景象。1962年，林业部在塞罕坝机械林场、大唤起林场、阴河林场的基础上组建塞罕坝机械林场总场（1968年归河北省管理，现为省林业局直属单位），自此塞罕坝定名。50多年来，塞罕坝用两代人的青春和汗水，营造起万顷林海，这是人类改造自然的伟大创举和人间奇迹。加上深厚的历史文化底蕴和浓郁的满蒙民族风情，形成了国家级旅游资源。1993年5月，经原林业部批准，在河北省塞罕坝机械林场的基础上建立塞罕坝国家森林公园，这是华北地区面积最大且兼具森林草原景观的国家级森林公园。公园内风景资源丰富，景观独具特色，被赞誉为"河的源头，云的故乡，花的世界，林的海洋，珍禽异兽的天堂"。

塞罕坝国家森林公园有"中国绿色明珠"和"华北绿宝石"之称。这里有森林景观110万亩（7万多公顷），草原景观20万亩（1万多公顷），森林覆盖率达78%。独特的气候与悠久的历史造就了这里特殊的自然景观和人文景观，其中有木兰秋狝文化园、金莲映日、泰丰湖、七星湖、滦河源头、白桦坪等。

·木兰秋狝文化园

　　木兰秋狝文化园是为了再现当年"木兰秋狝"壮观场景和弘扬清代皇家文化而建的景区，一道高大华丽的三座中式牌楼，金碧辉煌，雕梁画栋，与宽阔的草场、连绵的青山绿树和起伏的沙地灌木相互映衬。园内草场上，明黄的雏菊一丛丛争相开放，野罂粟大而薄的花瓣在风中瑟瑟抖动，还有各式叫不上名的红的、紫的、蓝色小花竞相绽放笑靥。木兰秋狝文化园位于森林公园西部，距场部 20 千米，是公园主要景点之一，沿途可以欣赏金莲映日、二龙泉等景点，还可能遇到野生动物出没。沿途森林茂密，环境幽静，鸟语花香。

·金莲映日

　　"金莲映日"为康熙三十六景之第二十四景，原来在承德避暑山庄如意洲上，康熙、乾隆皇帝对金莲花都极为推崇，有诗赞道："正色山川秀，金莲出五台。塞北无梅竹，炎天映日开。"（康熙诗句）"辉煌丽晓日，璀璨映重台。布地黄金满，抵园此处开。"（乾隆诗句）如意洲上的金莲花移植自五台山，然而，随着时间的推移，那"布地黄金"的山庄佳景日渐衰败，最终消失在人们的视线中。

　　塞罕坝国家森林公园拥有百万亩林海，为金莲花创造了良好的生长环境。2005年经过科学研究，使"金莲花"奇观得以重现。金莲映日观赏园占地近200亩（13.3公顷），独具特色的栈道1600米，置身塞罕坝核心地的"金莲映日"观赏园中，如同来到金莲花的海洋。在明媚阳光的照耀下，株株金莲金彩新鲜，辉煌璀璨，正是"辉辉争日色，灼灼动风枝"的"金莲映日"秀景。此外，神秘的撅尾巴河、古树、白桦林让人置身其中犹如步入神话世界一般流连忘返。

　　"金莲映日"得名于金莲花，此花又名旱莲花、寒荷、金梅草、金疙瘩，属毛茛科金莲花属的植物。生长环境苛刻，喜富含腐殖质的潮湿土壤；习性耐寒，生态环境为海拔1000至2200米的山地草坡或湿甸。花茎高挺，叶圆似荷叶，其外形似一朵盛开的莲花，于五浊恶世而不染浊，故此被誉为"出淤泥而不染"的翩翩君子。其花除有深厚的文化寓意和观赏价值外，还具有极高的食用价值和药用价值。"金莲映日"奇观，有独具特色的森林草原风光、良好的生态环境和厚重的文化积淀。

· 二龙泉

据传公元 1689 年，康熙皇帝木兰秋狝之际，阴雨绵绵，连日不开，士卒多染疾病。康熙皇帝下旨命太医诊治，均束手无策。一日士卒禀报，有鹤发童颜老者觐见，愿献良策。康熙皇帝思忖：此乃皇家禁地，寻常人等不准入内，怎有老者求见？但闻其详。老者觐见皇帝曰："距此不远有两泉，水冬暖夏凉，甘甜清洌，可解万岁之忧。"康熙皇帝下旨取水，士卒饮用后疾病全消，皇帝大喜，重赏老者。几十年后，乾隆皇帝携文武百官和八旗兵士到此狩猎，赤日炎炎，暑气熏蒸，干渴难耐。他想起康熙爷曾经提起的"两眼泉"，便令人寻找，不消半个时辰，就找到了。只见相隔数十米的两泉，泉水清澈见底，汩汩涌动，潺潺而流。它的下面是一个形如葫芦的天然湖泊，众将士纷纷下马饮用泉水，顿觉神清气爽，暑气全消。念及两眼泉水的两次相助，便御赐"二龙泉"。

乾隆皇帝在几位大臣的陪同下，站在绿草丛生的湖边观光赏景。远处群山环抱，近处湖面云影徘徊，水下鱼群穿梭。此情此景，犹如一幅浑然天成的山水画。他不禁赞叹：美哉，草甸观鱼！

沿湖而行，金莲竞相怒放，花香扑鼻。乾隆皇帝诗兴大发，信口吟出"塞外黄花恰似金钉钉地"，大文豪纪晓岚立即应对"京中白塔犹如银钻钻天"，御赏金莲的故事和脍炙人口的千古佳对便为后人所熟知。

　　不知不觉已到酉时（傍晚5至7时），乾隆皇帝游兴正浓，下旨就地安营扎寨。是夜，微风习习，皓月当空，湖光潋滟，泉水映月，乾隆皇帝便在帐外摆酒设宴，与群臣同乐。酒过三巡，群臣见龙颜甚悦，便邀其为此美景赐名，乾隆皇帝信手挥毫，"龙泉映月"四个大字便跃然纸上。

　　饱览江南风景的乾隆皇帝意犹未尽，不经意间感言，倘若湖边有楼台亭榭，湖中有小舟可泛，塞外就似江南了。翌年，遵照乾隆御旨，建了凉亭，造了小舟。又二年，乾隆借行围之机，故地重游。他登上小舟，轻摇船桨，感此美景，即兴赋诗：龙泉舟下湖水清，日丽风和波不雄。草绿松青景有望，鸢飞鱼游兴无穷。泛舟毕，乾隆与随从步行至凉亭，因在凉亭可看游弋锦鳞，可赏盛开金莲，可观皎洁明月，可听阵阵松涛，且又远离人间喧嚣，悠然自得，乾隆便称此亭为"逍遥亭"。

· 七星湖

　　七星湖是塞罕坝国家森林公园新开发的重点旅游景点，位于塞罕坝机械林场以北 3 千米处，其群山环抱的 100 万平方米的湿地范围内，分布着大小不等、形状各异的七个天然湖泊，空中俯瞰形如天上的北斗七星，"七星湖"因此得名。

　　七星湖假鼠草湿地公园是以生态建设为主题，以湿地资源为依托，以生态旅游为亮点的国家 5A 级旅游风景区，重建于 2007

年。湿地资源十分丰富且具有独特的观赏价值。海拔高达1500米的七星湖湿地，属于独特的高寒河源湿地类型，植物群落非常丰富，拥有100多种植物，分属于40多科、80余属。公园内有水生植物群落、沼泽植物群落、草甸植物群落，还有森林植物群落和草原植物群落，具有完整的水生生态序列，集森林、草原、草甸、沼泽和水体为一体，再加上广泛分布的重要观赏植物——假鼠妇草、萍蓬草、睡莲、金莲花、狼毒花等。据资料记载，假鼠妇草湿地常见于海拔1100米的地方，在海拔1500米的地域实属罕见，极具科考和观赏价值。故又名"假鼠草湿地公园"。

　　新建成的公园内有木栈道近 5000 米，观景平台 8 处，游船码头 2 个，木桥 4 座。面积达 1200 多平方米的宽敞的入口平台和天然青石板不勾缝砌成的入口景墙，突显粗犷特点，景墙上镶嵌钛金字"七星湖假鼠草湿地公园"。自然的石材与工业化的钛金材料形成鲜明对比，相互映衬。点缀性的风车及供游人休憩的木亭，使整个公园显得清新雅致，虽有人工雕琢的痕迹，但显得淳朴而和谐。

　　2005 年，塞罕坝湿地已被国家林业和草原局列入重要的国家湿地名录。塞罕坝湿地面积约 5046.5 公顷，根据中国林科院专家测算，塞罕坝每年向滦河、辽河注入约 2000 万立方米淡水，同时对两河流域水源的涵养与净化起着重要作用。塞罕坝湿地资产评估价值为 2.78 亿元。

　　七星湖假鼠草湿地公园具有独特的景观美学价值及科普与生态文明教育的文化价值，是塞罕坝务林人几十年如一日进行生态建设结出的硕果。

· 泰丰湖

　　泰丰湖在塞罕坝机械林场总部西北方向约 15 千米处，是一座人工修建的水库。水面足有 100 多亩，呈"S"形，水质清澈，波光粼粼。水库四周环绕着松树、杉树、柳树、桦树，林间草地上点缀着五颜六色的野花，环境僻静幽美。

　　前几年，这里只用作养鱼。两名工人，一只渔船，偶尔撒上几网，捞上十条八条鱼，给林业工人换换口味。近年来，坝上旅游热起来之后，有心人在这里建起几十座小木屋，办起了度假村，并把原来的水库改名为"泰丰湖"，来坝上观光旅游的人们便多了一个新去处。

· 滦河源头

　　滦河源头又名吐里根河,"吐里根"的蒙语意为"弯曲狭窄"。因流经河北与内蒙古交界,又名"界河"。这条河是滦河三处发源地之一。引滦入津工程,使这条河成为天津人民的母亲河。河道蜿蜒曲折,水流潺潺,清澈见底。河内有国家二级保护冷水鱼——细鳞鱼。

· 白桦坪

　　白桦坪位于木兰景区泰丰湖以东 1.5 千米，林内生长着天然野生的白桦树，秀美挺拔，妩媚动人。白桦坪的山顶，有一条"纵贯线"将景色一分为二，向阳的地方日光充足，视野开阔，游人在这儿既可以享受"日光浴"，还可以欣赏马头琴演奏和少数民族的歌舞表演；白桦林内则清爽宜人，沁人心脾，这里有十个休闲平台和天然氧吧——"负氧离子池"，还有森林 VIP，在这里既可以小憩，又可感受着大自然的"森林浴"，放飞心情。

　　塞罕坝国家森林公园遵循在开发中保护的原则，精心打造白桦坪景点，让游客安全有序地游览，这样既满足了

游客需求，同时又保护了其他天然林。这里有山，有林，有水，有石，有花，有草，有植物，有动物，有科普知识，有民族文化。

·塞罕塔

　　塞罕塔是为纪念清朝康熙大帝御封的塞罕灵验佛而建造的。塔座高 4 米，整体高 42.8 米，跨度 21 米，塔体为七层八角仿古建筑。塔内设步行梯和电梯，能同时容纳 100 人参观游览。它集森林防火瞭望、生态旅游观光、木兰秋狝再现、佛事陈列、塞外四季摄影等多功能于一体。

　　登上塞罕塔，千里坝上和万顷林海尽收眼底。春天，遥看草色，万木吐新，火红的杜鹃尽染远山近岭。夏季是登塔的最好时节，东观，绿波涌动，碧浪滔天；南观，一览众山，青翠如黛；西望，绿色地毯绵延无际，大小湖泊似明镜；北瞰，百万亩人工林与乌兰布通相接，令人浮想联翩。秋来，万山红遍，色彩缤纷；冬至，千里冰封，玉树琼花，林海雪原。

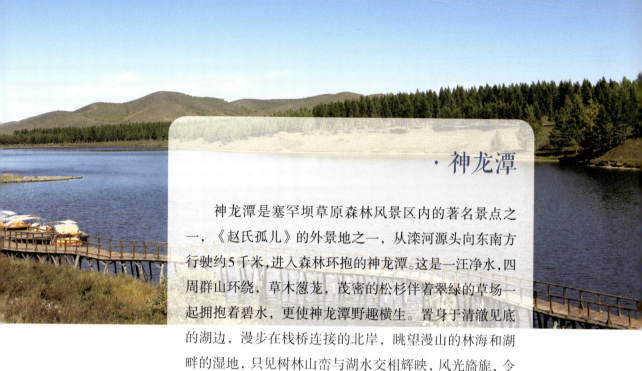

· 神龙潭

　　神龙潭是塞罕坝草原森林风景区内的著名景点之一，《赵氏孤儿》的外景地之一，从滦河源头向东南方行驶约5千米，进入森林环抱的神龙潭。这是一汪净水，四周群山环绕，草木葱茏，茂密的松杉伴着翠绿的草场一起拥抱着碧水，更使神龙潭野趣横生。置身于清澈见底的湖边，漫步在栈桥连接的北岸，眺望漫山的林海和湖畔的湿地，只见树林山峦与湖水交相辉映，风光旖旎，令人有一种超凡脱俗的感觉。

· 导览图、行车路线

　　1. 自驾路线：沿承围高速行驶至围场北收费站出口驶出，左转进入111国道，行驶5.2千米向右前方行驶

塞罕坝导览图

进入256省道，行驶71.7千米右转进入御克线，行驶9.2千米即可到达塞罕坝国家森林公园附近。

　　2. 公交路线：在围场县城的汽车北站可乘坐到达塞罕坝国家森林公园的大巴。

雾灵山

燕山山脉主峰

　　雾灵山为燕山山脉的主峰，被誉为"京东之首"。位于河北省承德市兴隆县与北京市密云区的交界之处，属燕山山脉的中段，其主峰歪桃峰坐落在核心区的中央，海拔达 2118 米。雾灵山为国家级自然保护区，森林覆盖率达 93%。属于温带大陆季风性山地气候，具有雨热同季、冬长夏短、四季分明、夏季凉爽、昼夜温差大的特征，常年平均温度 7.6℃，夏季暑伏平均气温 17.6℃，是华北"热海"中的"避暑凉岛"。雾灵山地貌的复杂性决定了气候的多样性，常常"山下飘桃花，山上飞雪花"，"山下阴雨连绵，山上阳光明媚"，"一山有三季，十里不同天。"

雾灵山国家级自然保护区植被属于我国"泛北极植物区中国—日本森林植物亚区"，是中国的名山中华北地区植物资源丰富的地区之一，有"天然植物园""绿色宝库"和"天然物种基因库"之称。温带森林生态系统指位于内蒙古、东北、华北三大植物区系交汇处的雾灵山，各种植物成分兼而有之，生态系统复杂多样，成为温带生物多样性的保留地和生物资源宝库。保护区内具有高等植物1870种，有国家一类保护植物众多，被列入国家植物红皮书《中国珍稀濒危保护植物》的物种10个。野生动物达170种，其中国家一类保护动物金钱豹、金雕，二类保护动物斑羚、猕猴等国家保护动物18种，其他级别重点保护动物121种。其中猕猴是北限分布地。雾灵山以北再也没有野生灵长类生存了，虽然日本的北海道和新疆的石河子也有猕猴，但都只是人工放养的。雾灵山不仅是猕猴的栖息地，还是南北方动物的走廊。例如，许多南方动物分布北限，如勺鸡、果子狸等；还是许多北方代表动物分布南限，如花尾榛、攀雀等。

雾灵山地处我国古代山戎、东胡、拓跋、契丹等北方少数民族与幽燕汉族交往之地。史上曾称伏凌山、孟广硐山、五龙山，明代始称雾灵山。雾灵山因其怪异和灵性，历史上许多文人骚客吟诵雾灵并被它的险峻所折服。北魏地理学家郦道元和唐朝进士祖咏都曾游过雾灵山，赞美过它的雄浑和壮美。郦道元在《水经注》中称"伏凌山（雾灵山）甚高峻，严障寒深。阴崖积雪，凝冰夏结，故世人因以名山也"。古人曾称雾灵山"其山陡峻，峰峦拱列"。顾炎武在《昌平山水记》中也称雾灵山"其山高峻，有云雾蒙其上，四时不绝"，这可能就是雾灵山得此名的原因吧。

据记载，雾灵山也曾是一座佛山，此山在宋代时期曾修建过寺院和诸多庙宇，有僧道万余人。《昌平山水记》记载"文宗（元）命西僧于雾灵山作佛事一月，而其绝顶可瞰塞内"，即元代曾有僧道来此做佛事。现山中依然存有红梅寺、钟古院、云峰寺等寺庙遗址，在当时被称为下院、中院和上院。相传在红梅寺"有名和尚三千六，无名和尚赛牛毛"，这就说明当时雾灵山中的僧道甚多，香火旺盛。据《长安客话》记载，"雾灵山有云峰寺，相传宝志公锡于此。"到明代，雾灵山为边关重地。明洪武年间，中承刘基（字伯温）巡视边陲重镇曹家路时，曾亲临雾灵山，但行至半山劳累烦热，于一巨石下面休息，忽觉一阵凉风袭来，故疲劳瞬间消失，随赐"雾灵山清凉界"。二百年后的明崇祯八年（1635 年），有后人来此石刻字铭古，因其为京东特有的石质巨碑，人称"大字石"，上刻有"雾灵山清凉界"六个大字，每字约四平方米，另有许多不同字体的小字，大多是守关将士的名字及诗句。

　　清顺治二年（1645 年），雾灵山被划为清东陵的"后龙风水禁地"，封禁长达 270 年。雾灵山随着长时间的封禁，导致宋元时期所修的庙宇荒废败落，雾灵山的民居也被迫迁出。这一时期人文历史遗迹较少，且在这近三百年的历史中，雾灵山没有发生过重大火灾，对雾灵山的森林资源起到了保护作用，也给森林的生长创造了条件，森林、野生动物在安全无患的环境里生长。

京东之首

·仙人塔

在雾灵山保护区前山的山腰里，有一条东西走向的深山沟。这里耸立着一块自然形成的黄黑色石柱。柱高约 17 米、粗 3 余米，形如宝塔，又似一巨人巍然挺立，人们称之为仙人塔。此地四周树木葱绿，花香扑鼻，山下清泉潺潺作响，山间百鸟叫声清脆。游人到此，如同身入仙境，心旷神怡。这里不仅景色优美，还有一段神话般的传说。

·龙潭景区

龙潭景区位于保护区西北侧，该景区内奇峰林立，崖悬壁险，林海苍郁，潭瀑相连，森林气息浓厚，组成了一幅壮丽的自然画卷。每当人们步入景区中时，就好似置身于一个全新的自然境界，步移景异，景景相连，让人真正地感受到大自然的神奇。清康熙帝有《晓发古北口望雾灵山》诗一首："流吹凌晨发，长旍出塞分。远峰犹见月，古木半笼云。地迥疏人迹，山回簇马群。观风当夏景，涧草自含薰。"龙潭景区的主要景点包括羚羊界、将军峰、观音送子崖、小壶口瀑布、龙潭瀑布等。

· 五龙头景区

　　五龙头景区因主峰东南侧矗立着五个状似龙头的巨型石碴而得名。登临峰顶，脚下群山拱列，向四周延伸的五条山脊分别被命名为青龙岭、黑龙岭、白龙岭、黄龙岭和赤龙岭。因其高大雄伟，峰岭纵横交错，龙盘凤舞，被清王朝封为清东陵的"太祖山"和"后龙风水禁地"，从五条龙脉中可以解读清东陵安葬的五位皇帝一生的成败荣辱。景区内的景点大部分处于云雾线以上，形成了亚高山的独特景观，主要景点为歪桃峰、五龙头、青龙岭、气不忿、伏凌仙境、藏龙松、石趣园等。歪桃峰为雾灵山主峰，远看好似歪嘴大桃而得名，是览群山、看云海、观日出的最佳选点。

雾灵晨曦

· 清凉界景区

　　清凉界景区以人文景点雾灵山清凉界碑和森林景观为主，并有状如金字塔，直穿云霄的雾灵金山，栩栩如生的三像石，惟妙惟肖的骆驼峰，四人难以合抱的古香杨等。雾灵山清凉界碑（俗称大字石）是记录明代守关将士的巨大石碑，高28.4米，宽30.8米，正中镌刻"雾灵山清凉界"六个大字，每个字约4平方米，豪放洒脱，苍劲有力。在这块大字石周围还分布着"雾灵真境""羊肠鸟道""发""雾灵山"等摩崖刻经群。

清凉界碑

金秋雾灵金山云海

· 导览图、行车路线

1. 自驾路线：在长深高速行驶至李家营收费站驶出，行驶100米后右转进入358省道，行驶3.4千米左转进入112国道，行驶11千米后直行进入556县道，行驶11.1千米右转进入雾灵线，行驶2.2千米向右前方行驶进入262乡道，行驶14.5千米左转进入内部道路，继续行驶2.8公里可到达雾灵山景区附近。

雾灵山导览图

2. 公交路线：从兴隆县汽车站乘坐长途汽车到密云县汽车站。在密云汽车站乘坐密云52路公交车(密云汽车站至区交界方向)，经过94站到达曹家路站，从曹家路往东5千米是雾灵山北门，往南6千米是雾灵山西门；兴隆县火车站前50米处雾灵山接待站在旅游旺季有专车前往正门。

磐锤山

天外飞来的奇石

磐锤山俗名棒槌山，古称石挺，总高 60 米的擎天一柱凸立在山野之上，也算是中国山岳奇观了。该峰位于承德市区东北部武烈河东岸的山巅磐锤峰国家级森林公园内的高山岗上，距避暑山庄正东 5 千米，距市区约 2.5 千米，下悬绝壁，上接蓝天，上粗下细，形似棒槌，故此山俗名棒槌山。棒槌山海拔 596.26 米，石棒槌高 38.29 米，上部平均直径 15.04 米，下部直径 10.27 米，长 38 米，宽 3~5 米，体积 6508 立方米，重约 16200 吨，基座高 21.13 米，连同棒槌底下突起的基座通高 60 米。最早发现棒槌山的应是 1500 年前的北魏地理学家郦道元，他曾来此处观奇山，并载于《水经注》："濡水（今滦河）又东南流，武烈水入焉，其水三派河，东南巨石挺下。挺在层峦之上，孤石云举，临崖危峻，可高百余仞。"康熙四十一年（1702

年），康熙帝以该峰状似磬锤，将此山赐名为"磬锤峰"。康熙和乾隆都十分欣赏棒槌山的景色。康熙皇帝特意在避暑山庄西面山上修一敞亭，亲题匾额"锤峰落照"，并赋诗云："纵目湖山千载留，白云枕涧报清秋。巉岩自有争佳处，未若此峰景最幽。"《钦定热河志》记载："山东五里许为磬锤峰，就山庄西岭构亭，与四面云山亭相望，红轮西照，是峰迥出弧标，扬晖天际。"乾隆皇帝曾题诗："倚天森玉柱，似待勒谁名。"在磬锤峰距基座 18 米处，峰的半腰有一株纵横而生的蒙桑，树高 3 米多，主干直径 30 多厘米，大约有三百年轮，结白桑葚，又肥又大。三百年来，石峰与蒙桑相依为伴，蒙桑赖石峰生存，石峰因蒙桑生趣。磬锤峰为砾石形成的沉积岩，在这种既缺土壤又缺水源的自然环境下，生长在石缝当中的蒙桑仍长得苍劲挺拔，枝叶茂密，不可不谓奇树。

棒槌山以其独特的景色和文化及美丽的传说被列为承德十大景之一。关于棒槌山的形成，民间有一个传说。相传，很早以前，承德是一片汪洋大海，老百姓都以捕鱼为生。在渔民中有一个勤劳、善良、勇敢的小伙子，父母双亡，孤苦度日。有一天他外出捕鱼，捕到了一条红色金鲤鱼。众人都说如果卖掉，一定会卖个大价钱，能娶个媳妇回来。可这小伙子左瞧瞧右看看，总觉得这鱼长得非常好看，卖掉可惜，不忍害它，就把它放回了大海。

一天，这小伙子外出捕鱼，遇上了狂风大浪，经过一天的搏斗，鱼没有捕到，反累得筋疲力尽。好不容易回到家，心想要有个人做顿饭吃该多好。他推开房门，闻到饭菜香味，掀开锅一看，果然锅里有热乎乎、香喷喷的饭菜。由于又累又饿，他顾不得多想便吃了个饱。以后便天天如此。他觉得奇怪，要看个究竟。这天，他提前回家，悄悄站在窗前偷偷往屋里看，见有一个姑娘正在忙着做饭。小伙子悄悄推门进屋，那姑娘躲闪不及，无法脱身，便告诉了他实话。她就是那条被放回大海的鲤鱼，是龙王的小女儿。于是，他俩成了亲，过起了恩爱日子。一年以后，这件事被龙王知道了，他哪能容自己的女儿与一个凡夫成婚，于是，他便指派虾兵蟹将捉拿小伙子，龙女决心和小伙子一起逃脱灾难。他俩同乘一叶小舟破浪向前，虾兵蟹将紧追不舍。走着走着，猛见浪花翻滚，龙女突然想到那翻滚的浪花下边是一个巨大的海眼。正因为有这个海眼，海水才不干涸。我何不回龙宫将定海神针偷来，将海眼堵住。于是她便与小伙子一起沉入海底，让小伙子藏身于珊瑚林中。她偷入龙宫宝库，盗出了龙宫珍宝——定海神针。她拉上小伙子一起游出海面，照准海眼将定海神针抛了出去，只见金光

一闪，不偏不斜，正好插在了海眼上，立时海水哗哗降落，虾兵蟹将们见势不妙，落荒而逃。不一会儿，海水干涸，海底的礁林变成了莽莽群山，那定海神针像一根擎天的巨柱，矗立于群山之巅，变成了突兀而立且耸入云端的棒槌山。龙女与小伙子就在棒槌山下，过上了男耕女织的幸福生活。然而两年后，玉皇大帝又派法师北天王率金木水火土五位大将，前来捉拿龙女。原来大海干涸后，海龙王到天庭向玉帝告了龙女，玉帝便派天将前来捉拿龙女。龙女被抓，天将带着龙女，欲回天宫。当行至棒槌山时，她死死抱住了棒槌山，任凭天将怎么拽她，她就是不松手。北天王束手无策，回禀了玉皇大帝。玉皇大帝说："那就就地处置了吧。"北天王便施展了残酷无情的法术，将龙女点成一棵桑树，长在了棒槌峰山腰上，让她既归不了天庭，也回不了人间。小伙子带着儿子，每天站在棒槌山下呼唤，怎么也呼唤不回龙女，只有粒粒白桑椹掉在他们身上。据说那是龙女落下的滴滴眼泪。后来，人们就把这棵桑树叫作"龙女树"。

· 蛤蟆石

　　磬锤山东南侧的山崖上，有一块突起的巨石，面南而卧，好似仰头准备跃上蓝天的蛤蟆，这就是蛤蟆石。这块大嘴微起的蛤蟆石，体长约 20 米，身高约 14 米，体态匀称，头部探出悬崖，在临崖处，有一道横向的石缝将其分为南北两个石洞，洞内地势平坦，两洞可容纳几十人，最窄处可容纳一人匍匐而过，远看酷似蛤蟆的脖颈，颈下是袒露的腹部。蛤蟆石的顶部布满大小不一的鹅卵石，极像金蝉的背部。关于蛤蟆石，还有一个传说。棒槌山不远处，有座小山丘，因为它形似一个蹲伏在地的青蛙，所以叫"蛤蟆石"。当地民间流传着"棒槌山倒，蛤蟆石跑"的民谣。这些在古代难于解释棒槌山形成的情况下演绎的故事，寄托了人民对除恶兴善和美好生活的向往。从地质学角度，棒槌山是地球变化造山运动形成的。一亿五千万年前这里是内陆湖，后来地壳上升，沉积的砂岩形成一面墙体似的山峰，在三百万年前经过风化作用，一部分岩石剥落，密度大坚硬的部分留下来，大自然的鬼斧神工造就了棒槌山。

·普乐寺

普乐寺俗称圆亭子，位于河北省承德市避暑山庄东北，武烈河东岸，坐东面西，居溥仁寺东北，与安远庙南北相峙，正面隔河遥对永佑寺舍利塔，中轴线隔山直指磬锤峰。该寺东西长195米，南北宽93米，占地2.4公顷，修建于乾隆三十一年（1766年）。当时，清朝政府彻底平定了准噶尔部贵族的叛乱，使生活在巴尔喀什湖一带和葱岭以北的少数民族，从此摆脱了准噶尔叛乱势力的压榨和欺凌。不久清军又粉碎了

"回部"霍集占兄弟的暴乱，使西北疆更趋稳定。至此，西北各民族与清朝政府的关系日益密切。为了表示对西北各民族宗教信仰的尊重以及进一步加强中央政权的统治，乾隆遂决定修建这座庙宇，敕赐"普乐寺"，即天下统一、普天同乐的意思。普乐寺的修建，是各民族团结的象征。1949年后，经过维修，被列为全国重点文物保护单位，备受各族人民的爱护和崇仰。

·导览图、行车路线

1. 自驾路线：沿长深高速行驶到承德东收费站出口驶出，向右前方行驶进入车站路，行驶2.6千米右转进入普乐北路，行驶3.4千米右转进入河东路，继续行驶300米可到达磬锤山景区附近。

磬锤山导览图

2. 公交路线：在承德火车站乘坐28路公交车(火车站至医学院方向)，经过17站，到达喇嘛寺（索道公司）下车，步行约1.3千米到达磬锤山。

第八章

金山岭

万里长城 金山独秀

　　金山岭海拔 700 米，位于承德市滦平县境内，属燕山褶皱与内蒙古背斜的过渡带，属于燕山支脉。在金山岭修筑的金山岭长城是万里长城的精华地段，素有"万里长城，金山独秀"之美誉，其障墙、文字砖和挡马石是金山岭长城的三绝，该段长城是全国重点文物保护单位、国家级风景名胜区、国家 5A 级旅游景区，并列入《世界文化遗产名录》。

　　金山岭地势险要，下临京城古北口，成为扼守京城东北方向的重要地段。据文物专家考证，早在北齐时期就曾在此修筑长城并设置关塞，至今还保留着遗址。但那时的长城低矮单薄，且多为土石所筑，不具有太强的军事防御体系。到 1368 年，朱元璋推翻元朝并建立了明王朝，派大将徐达等人修筑居庸关、古北口、

喜峰口等处的关口。1421 年，明王朝的首都从南京迁到北京，为加强北京的军事防御体系，再一次大规模地修筑长城，特别将北京北部从居庸关到山海关长达 500 千米的长城修得高大坚固，这时期修筑的长城均用石块砌修。1522 年以后，明王朝国力从强盛转入衰退，北方各部趁机向南进犯，给明王朝统治者造成严重威胁。隆庆元年（1567 年），明穆宗朱载垕即位以后，为加强北方的防御，将谭纶、戚继光从南方调到北方，并任命谭纶为蓟辽保总督，任命戚继光为蓟镇总兵。戚继光到任后改建和重建蓟镇所管辖的 600 余千米长的原有长城，并得到了谭纶的大力支持。金山岭长城在修筑时按照戚继光提出的"因地形，用险制塞"的原则，随山势起伏而修筑，凡是山势陡峭的地方，将长城的城墙修得低一点；山势平缓的地方，城墙修得高一点。城墙底部用三四层条石奠基，上部用长方形青砖包砌，城墙下宽上窄，地基稳固。在城墙内侧下部的敌楼附近设有券门。券门内的石梯或砖梯通过城墙顶部，每当遇到紧急情况，士兵就可从券门直接登上长城进入敌楼，以最快的速度投入战斗。长城顶部的马道平均宽 5 米左右，根据山势的坡度修建，马道每隔 3 米左右会有一个排水道，是为了防止雨水侵蚀墙体。即使在建筑业发达的现代，看到这些雄伟且极具智慧的古代建筑，也会让我们备感惊讶。戚继光带领众将士全新修筑 1300 多座高大坚固的敌楼，平均 50 至 100 米就修建一座敌楼，墙体以巨石为基，高 5 到 8 米，形式复杂多样且各具特色。例如，有砖木结构的，有砖石结构的；有单层，有双层；有四角钻天顶，有平顶、船篷顶等。可谓是一楼一式。在戚继光在任的十六年间完成了这一浩大的军事防御工程，大大提高了长城的防御能力，也使中国万里长城金山岭段熠熠生辉。金山岭的风景名胜、文物古迹、军事设施及古建筑艺术都有很高的观赏价值和科学研究价值。

金山岭这种自然风光和中国古代建筑艺术相结合，造就了无比瑰丽而又震撼人心的景色。登顶北观，群山似海，东望司马台水库如镜，南眺密云水库碧波粼粼。长城依山势蜿蜒曲折，若隐若现，雄伟壮丽。

金山岭长城，四季景色变幻多端。春季的金山岭，满山遍野嫩绿，杏花、桃花、山丹花等各种花争先开放，散发出浓郁的芳香。夏季，漫山郁郁葱葱的树木、潺潺的山间溪水以及五颜六色的彩霞将金山岭打扮得绚丽多姿。深秋时节，长城内外，漫山红遍，各种野果成熟，挂满枝头。严冬雪后，金山岭会变成白色的海洋，蜿蜒起伏的长城好似盘卧在万山丛中的一条银龙，忽隐忽现，忽高忽低，一座座敌楼在阳光的照射下金光闪闪。

·金山岭敌楼

　　万里长城拥有着众多的敌楼，其中金山岭长城的敌楼是最精华的部分。敌楼又称御敌楼，它可以作为储备、屯兵、瞭望、士兵休息及指挥的中心。敌楼的建筑分为三种，砖石结构的敌楼、砖木结构的敌楼以及砖石与砖木相伴的敌楼。不同的长城有不同的建筑风格，在长城上难得一见三层的敌楼，目前在金山岭段长城发现了砖石结构与砖木结构的三层敌楼各一座。金山岭长城上的敌楼，形制各异，艺术精美，异彩纷呈，迄今保存完好的麒麟影壁可称为敌楼照壁建筑的艺术奇葩。

·导览图、行车路线

    1. 自驾路线：沿大广高速行驶至金山岭收费站出口驶出，继续行驶 5 千米可到达金山岭景区附近。

    2. 公交路线：在滦平县火车站乘坐班车（滦平—望京西站），经过一站，到达金山岭服务区公交站下车，步行约 2.1 千米到达金山岭长城。

金山岭导览图

第九章

崇礼群山

第 24 届冬奥会举办地

第二十四届冬季奥林匹克运动会，将在 2022 年 2 月 4 日至 2022 年 2 月 20 日在北京市和河北省张家口市联合举行。这是中国历史上第一次举办冬季奥运会，北京、张家口同为主办城市，也是继北京奥运会、南京青奥会后，中国第三次举办的奥运赛事。张家口市崇礼区是绝大部分雪上项目的举办地点，也是二十四届冬奥会的主办城市。冬奥会令这座塞外小城名扬天下。

崇礼地处河北省西北部，地处内蒙古高原东缘，境内为阴山山脉东段到大马山支系和燕山余脉的交接地带。境

内大多是海拔 1500 至 2000 多米的崇山峻岭。这些山包括长城岭、翠云山、桦皮岭、喜鹊梁、红花梁等。群山植被茂盛，有典型的欧式山地观光珍贵资源，风景十分迷人。夏季鲜花盛开，秋季万山红遍，冬季白雪皑皑，呈现林海雪原的美丽壮观景象。崇礼有华北最大的白桦林区，海拔千米以下是松林，千米以上则是亭亭白桦，夏季一片绿色，秋季桦林金黄，璀璨如花。崇礼群山造就了独特的地理和气候条件，西北冷空气和南部的暖湿气流受山脉和林区影响在这里交汇，形成降雪早、雪量大、雪期长和雪质好的自然条件。这里 9 到 10 月份开始飘雪，年积雪量达 1 米多深，雪期长达 5 个月。凭借这些优越的条件，2003 年起建起了长城岭滑雪场、万龙滑雪场、多乐美的滑雪场、云顶滑雪场、太舞滑雪场、银河滑雪场、福龙滑雪场等七个大型雪场，有高级、中级和初级滑雪道 100 多条，长度达 119 千米。崇礼成为全国规模最大的夏季旅游景区和冬季滑雪胜地。2022 年第二十四届世界冬奥会雪上项目比赛落在崇礼，将新建改建 5 个比赛场地，并建设太子城滑雪小镇。小镇占地面积 2.89 平方千米，设有高铁站，周边各有 6 个雪场和 5 个冬奥会竞赛场馆。建设有领奖广场、冬奥塔、奥运村。北京到崇礼的高速铁路在 2019 年开通。冬奥村也渐趋完善。十四年前，2004 年 1 月的一个夜晚，在瑞士滑雪胜地达沃斯小镇一家小旅馆里，前来学习考察的河北体育局领导、张家口市领导、崇礼县委书记等谈崇礼滑雪运动的发展时，提出要把崇礼建成中国的达沃斯，举办各种大赛。现在看来，这一中国梦正在实现，美丽的崇礼已成为中国著名的滑雪小镇和人们向往的地方，美丽的崇礼已不逊色于达沃斯等世界上著名的滑雪小镇。

瑞士的达沃斯小镇靠近奥地利边境，是阿尔卑斯山系最高的小镇，海拔 1529 米，是欧洲最大的高山滑雪场，是国际冬季运动中心之一。

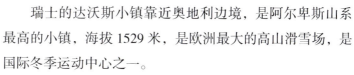

·长城岭

古长城遗址

长城岭滑雪场

　　长城岭是崇礼主要高山风景区，景区海拔 2100 米，位于张家口市崇礼区西北部，因有明代长城遗址而得名。长城始建于北魏、北齐时期，修建于明代成化（1465~1487 年）和万历（1573~1620 年）年间，在崇礼境内全长 122.6 千米，沿线筑有望塔、烽火台墩 153 个。长城岭地处内蒙古高原与坝下丘陵区过渡地带，夏季最高气温为 23℃，暑期平均气温只有 19℃。冬季最低气温不低于 -23℃，降雪量大，风力小，雪质好，地下水资源丰富，有"高原林海，清凉世界"之称。1982 年，此地长城被河北省列入省级文物保护单位。

　　夏季长城岭是林的世界和花的海洋。登上海拔 2100 米的长城岭高山草甸，俯瞰繁花争艳。山花也是长城岭的一道亮丽风景线，金莲花、雪绒花、狼毒花等上百种山花在不同时期争相斗艳。远眺，连

绵不断的山脉此起彼伏，异常壮观；近听，耳畔的松涛与桦林、鸟鸣声交相辉映，似一首美妙动听的森林交响曲。山顶上还有蜿蜒曲折的明长城遗址，似乎诉说着这里的一段悠久沧桑的历史。长城岭的负氧离子达一万多个，是平原地区的十倍。这种独特的小气候适宜夏季训练避暑。山上建有河北省田径运动训练基地，这里海拔高，远离闹市，无污染，无噪音，可以进行封闭式亚高原训练，对提高成绩、体力恢复、调整体能等都有极大的帮助。

长城岭是崇礼降雪量最大的区域。冬季，这里银装素裹，山舞银蛇，条条雪道宛如一条条白丝带从天而降。河北省体育局崇礼高原训练基地滑雪场位于张家口市崇礼区省级和平森林公园境内，占地面积 15 平方千米，是华北地区自然滑雪条件最好的区域，雪量、雪期和雪质可与黑龙江的亚布力、吉林的北大湖等地相媲美，而风速和气温等条件均优于东北地区的滑雪场。河北省体育局崇礼高原训练基地是集冬季滑雪、夏季训练、户外运动、休闲避暑为一体的全民健身活动的最佳场所。河北省滑雪运动队在此训练，其中有多名国家集训队运动员，他们力争在冬奥会上为国争光。

长城岭夏日风光

· 翠云山

　　翠云山中心景区，四面环山，空气清新，森林茂密，野花烂漫，林木面积达 800 公顷。景区内野生动植物种类繁多，其中野生动物有狍子、狐狸、野鸡、野兔等 50 多种，野生植物有蕨菜、黄花、当归、车前子等 553 种，是塞外最具观赏性的天然植物园。

·桦皮岭

桦皮岭是草原天路的东起始点。"天路"原是西起张北县野狐岭东到崇礼桦皮岭全长 130 千米的普通公路。近些年，大批旅游者到崇礼后经这条公路到张北，他们发现这条美丽的公路可与美国 66 号公路相媲美。公路蜿蜒穿梭在蓝天白云、森林草甸、梯田风轮、峡谷沟壑之中，风光旖旎，美不胜收，感觉仿佛仙境一般，于是称这条路为"天路"。每年有近 10 万游客到此观光。

天路最美的一段在桦皮岭。桦皮岭海拔 2128.7 米，是坝上及内蒙古周边地区第一高峰，因其有 67 余公顷的浩瀚白桦树林而得名。这些桦林为原始次森林，历经百余年，生长茂盛，海拔从 1900 米延至 2128.7 米。桦皮岭总面积 10400 亩（693.3 公顷），现有天然桦树林 1105 亩（73.7 公顷），落叶松 8604 亩（573.6 公顷），其中松树成林面积 1950 亩（130 公顷），松树幼林面积 4834 亩（322.3 公顷），坝头林场面积 1820 亩（121.3 公顷）；草场面积 591 亩（39.4 公顷）。每逢夏季，绿树成荫，郁郁葱葱。桦皮岭的东坡为八岔沟景点，与桦皮岭景点浑然一体，有异曲同工之妙。整个景点风景如画，其鬼斧神工的刀棱山，是大自然的赐予和杰作。邻近的"百花湾""和顺湾"景点地处坝上盆地地形之中，鲜花簇拥，芳香四溢，令人流连忘返。

桦皮岭以其独特的花草树木和旖旎风光享誉在外，素有"塞外九寨沟"之美誉，为坝上地区极具开发价值和广阔开发前景的旅游宝地。桦皮岭具有良好的生态植被，据植物学家考证，山上生长着各种野生植物上千种，可供食用的有黄花、蕨菜、野生口蘑等十余种。生长着各种野生花卉二百余种，山丹花、百合花、金莲花、野罂粟花等在这里竞相绽放，串红、串粉、白的、黄的、蓝的把整个山头装点得色彩斑斓。现有国家二级保护动物狍子、山鸡、半鹬等二十余种。置身山中，倾听百余种鸟儿清唱或观看野狍飞奔是另一种回归自然的感觉。整个景区，红、黄、蓝三种主色调随季节的变化，每十天左右变化一次，充满了神奇与活力。登临山顶，极目远眺，视野开阔，起伏的群山，绵延的山峦，碧绿的田野，袅袅的炊烟，令人心悦神怡。

雪绒花

野玫瑰

野玫瑰

苜蓿花

·崇礼山花

　　崇礼山花主要开放在海拔1800至2100米的高山草甸地区。野玫瑰等一些品种在低海拔地区，开花季节也较早。赏花最好的山是长城岭、桦皮岭、翠云山等。盛开的季节是从6月下旬至8月。山花有40多种，最著名的有金莲花、野玫瑰、雪绒花、蓝盆花等。其中金莲花干花可制茶，俗称塞上龙井，茶水清冽，有香气。花及叶可制药，具有清热解毒的功效。崇礼山花从6月下旬始，受积温影响，每十天大体绽放一种花，五颜六色，美不胜收。

山菊花（又名紫苑）　山丹丹花（又名野百合、卷丹）　大黄　地榆（又名山红枣）

唐松草　麻花头　野玫瑰　狼毒花

金莲花　金腊梅（又名金缕梅）　野玫瑰　狼毒花

（又名轮峰菊、松虫草）　蓝刺头　蒲公英花　桃花

苹果花　翠雀　糖芥　柴胡

苜蓿花　粗根老鹤草　粉报春　干枝梅

胡麻花　石竹　瞿麦　山菊花（又名紫苑）

·崇礼——2022年冬奥会举办地

　　2022年第二十四届冬季奥林匹克运动会，将在2022年2月4日至2022年2月20日在北京市和张家口市联合举行。这是中国历史上第一次举办冬季奥运会，北京、张家口同为主办城市，也是继北京奥运会、南京青奥会后，中国第三次举办的奥运赛事。河北省张家口市崇礼区是绝大部分雪上项目举办地点，也是第二十四届冬奥会的主办城市。该区将建奥运村，滑雪场亦开始大规模建设，力争建设成为宜居的美丽小城。

　　2020年冬奥会，大部分雪上项目，将在崇礼举行，比赛将决出50块金牌，将占整个冬奥会项目的50%。

·喜鹊梁

喜鹊梁海拔 2100 米，高山草甸，绿草依依，野花盛开，彩蝶飞舞。这里环境优美，也是喜鹊栖息的好地方，所以当地人给它起了一个动听的名字"喜鹊梁"。喜鹊梁上到处翁翁郁郁，松林一眼望不到边。漫步在浩渺的林海里，让人陶醉其中，心生惬意，心情也变得分外舒畅。炎炎盛夏，这里却凉爽宜人，最高气温仅 24℃，自然成为人们消夏避暑的最佳选择。夏季的喜鹊梁风景区，好一派迷人的欧洲田园风情。几幢欧式的建筑周围，野花烂漫，蹿天的白桦林，把喜鹊梁风景区装扮得姹紫嫣红，分外妖娆。蒙古包、跑马场，神秘的白桦山庄"雪人楼"，立刻把人带入美妙的童话世界里。

·导览图、行车路线

1. 自驾路线：①在首都环线高速行驶至桦皮岭收费站驶出，靠右方行驶 4.3 千米后向左后方转弯进入 S242，行驶 5.1 千米靠右前方行驶进入草原天路东线即到达桦皮岭附近。②在桦皮岭草原天路右转进入 S242，行驶 32.1 千米左转行驶 610 米左转进入东马线，继续行驶 9.5 千米右转继续行驶 1.1 千米到达长城岭景区附近。③向出长

城岭景区方向行驶 1.1 千米后右转，进入东马线，继续行驶 6.1 千米可到达翠云山景区附近。④在翠云山景区进入东马线向长城岭方向行驶 16.4 千米后左转驶入 S242，行驶 1.1 千米后直行驶入裕兴路，行驶 2.7 千米后直行驶入迎宾路，行驶 2.1 千米左转进入 X410，行驶 19.9 千米可到达喜鹊梁景区附近。⑤在喜鹊梁景区进入 X410 继续行驶 29.5 千米左转进入市场街，行驶 190 米后右转进入新开东路，行驶 140 米后左转进入 310 省道，行驶 19.2 千米右转进入京环线，行驶 14.9 千米左转进入 179 乡道，行驶 6 千米到达太子山附近。

第十章

小五台山

河北屋脊

　　小五台山雄卧太行山脉东侧，跨蔚县和涿鹿两县境内，总面积26700公顷，西部偏北，呈东北—西南走向，长约45千米。小五台山地处太行山脉北端，以东西南北中五座山峰为主体的亚高山地貌而闻名，主峰东台海拔2882米，为华北地区高峰，有"河北屋脊"之美誉。

　　塞外高原上突兀而起的小五台山，完好地保留着原始森林。7月，高山草甸上山花遍野，所以7到8月的小五台山是绝美的户外穿越营地，不仅有漫山遍野的高山金莲花、野生罂粟花及各种野生动物，还有绝美的日落和星空。很多人会来此露营。东沟营地是整个小五台山区最大且最理想的营地，有水源，地势平缓，可扎下上千顶帐篷，按海拔，又分为2400营地、2200营地、1900营地等。小五台山是驴友的倾慕之地，路迢迢，多艰险，似炼狱般修行。

　　小五台山保护区始建于 1983 年，2002 年晋升为国家级自然保护区，也是华北地区保存原始地貌和自然植被最完整的自然保护区。主要保护对象是天然针阔叶混交林、亚高山灌丛、草甸和国家一级重点保护动物褐马鸡。保护区位于永定河和大清河的源头，具有丰富的生物多样性。山体形成于中生代燕山运动，为一大背斜构造。除沉积岩外，有大量火成岩和侵入岩，断裂发育，侵蚀强烈，山势险峻，沟深坡陡。保护区居于暖温带大陆季风型山地气候区，气温低，温差大，降水集中于夏季；无霜期短，冻结时间长，阴坡积雪可终年不化。小五台山土壤垂直变化较明显：海拔 1400 米以下为栗钙土；1400 到 1700 米为褐土，局部有黄土分布； 1700 到 2100 米为山地棕壤；2100 米以上为亚高山草甸土。

　　据初步调查，保护区内有高等植物 1637 种，其中有国家保护野生植物 6 种，小五台山特有植物 4 种，臭冷杉为华北珍稀树种、孑遗植物。区内有野生陆生脊椎动物 199 种，昆虫 2000 余种，菌类 468 种。其中还包括国家一级保护动物 6 种，二级保护动物 16 种，省重点保护动物 41 种。国家一级保护动物有褐马鸡、金雕、白肩雕、大鸨、黑鹳和豹。其中褐马鸡为世界珍禽而中国特有。此外，还有响尾蛇、金钱豹、麝、貉、黄鼬等动物。

　　小五台山不仅以美丽的山景风光吸引游客，还有禅宗文化的千年积淀。古时，小五台山被称为东五台山。随着历代帝王的重建，高僧懿行，形成了小五台山灿烂的佛教文化，遗留了大量的古遗址、古寺庙、古摩崖、古石窟、古塔、古碑等，是历代佛教兴衰的见证。据传当年文殊菩萨出家修佛，被这里恢宏的山势、茂盛的植被及淳朴的民风所吸引，选址台山，筑庙参禅，普度众生。然而小五台山位于太行山、恒山以及燕山的交汇地段，地质活动比较频繁且山路狭窄，香客来往不便，寺庙修建非常艰难，所以文殊菩萨痛定思痛，下决心移居地势平缓的西五台山大兴佛事。尽管如此，佛教文化还是在涿蔚大地蔓延开来，这主要仰仗于明代三位临济宗（禅宗的分支）佛教高僧（第二十四代资中政公禅师、第二十六代自然法师及其门徒成显大师）设坛布道，弘扬佛法。他们修建的金河寺、法云寺以及后来的铁林寺历日旷久，但因自然的坍塌和纷飞的战火而被摧毁。

·金河寺

小五台山上最为出名的景点就是金河寺。它不但拥有明暗宝塔78座，还存有4座舍利塔。据说是属于辽代建筑，而石碑上的刻字是"大明成化元年修建"。塔下的墓主是一位高僧。这些建筑在险山之上，风格独特，形态各异，都是坐北朝南，正对西五台顶。由此，我们也不难想象出当时高超的工艺技术。

从远处看，金河寺正好坐落在金河景区内，距景区口处大约2.5千米。这里依山傍水，宽敞平坦，金河清水从中间蜿蜒流过，拇指山耸拔秀丽，堪为风水绝地。金河寺有正房五间，偏房数间，内俸文殊普贤、观音罗汉、释迦牟尼等，香火一直非常旺盛，僧人云集。虽然几经风雨，备受磨难，还曾经受到过俄国人和日本人的破坏，但古刹名寺光彩依然熠熠生辉。

·导览图、行车路线

小五台山导览图

1. 自驾路线：沿张石高速行驶至蔚县东收费站出口驶出进入112国道，行驶12.1千米进入环岛，在109国道出口驶出，行驶17千米右转进入232乡道，行驶9.1公里左转进入212乡道，继续行驶3.5公里可到达小五台山国家自然保护区附近。

2. 公交路线：在蔚县县城汽车站乘坐通往桃花镇的客车，到达桃花镇下车。桃花镇距离小五台山最主要的大本营赤崖堡约5千米，可自行选择交通前往。

第十一章

赐儿山

塞外宗教名山

赐儿山位于张家口市区西部的群山之中，山峰秀丽，景色优美。在山腰的深处有一古云泉寺，修建于明洪武二十六年（1393年），至今已有600余年的历史。它是佛、道建在一处的寺庙。上部为道，下部为佛。寺内有子孙娘娘殿，旧时每逢农历四月初八庙会，来此登山焚香祈求"赐儿"的人络绎不绝，故被世人称此山为"赐儿山"。

雪后赐儿山

关于"赐儿山"名字的来历，有一段传奇故事。传说500多年前，有一对夫妇，结婚多年未能生育，很是着急。这年的四月初八，夫妇二人来到张家口西郊的这座山脚下，焚香祈祷，求助天神和地神。正当他们一遍又一遍地诉说自己的求子之心时，突然从山腰石缝间走出一个白发飘飘的老人。老人来到他们面前，没有说话，从怀里取出个泥捏的娃娃，送给他们，然后就无影无踪了。第二年，这对夫妇便喜得贵子。他们真有说不出的高兴。这件事很快传开，塞外山村远近百里祈儿求女的人，每年四月初八，都到西山脚下烧香求子。于是，人们便把西山称为"赐儿山"了。

位于赐儿山的半山腰处有一座寺院，名为"云泉禅寺"，至今已有近600年的历史，云泉禅寺的开山祖师清月和尚云游至此，发现此处景色优美，便令弟子在此修建禅寺。因为赐儿山中的泉水清澈且长流不断，致使山中常常是云雾缭绕，故名"云泉寺"，取"白云深处有清泉"之意。后于嘉靖五年（1526年），圆玉和尚与大同总兵官江桓共同筹资重修了云泉寺，在原有的基础上又进行了扩建。近代常住僧人有妙然、隆参、越尘、寿冶、能证、道源等。云泉寺历代香火旺盛，高僧辈出。

远望赐儿山，悬崖峭壁，山峰奇丽，怪石险峰，亭台楼阁，错落有致。沿路铺设台阶路面，陡峭山路则在两旁安装扶手，顺势向上攀爬就可到达云泉寺。云泉寺的山门之外原有教稼亭，壁上有民间巧匠画的五谷之神后稷，教人不忘耕稼。再向上攀登至教化堂，堂壁上画有伏羲、轩辕，警示后人辛勤劳作，时刻不能忘记自己是炎黄子孙。山门的前面有石狮镇守，旗杆矗立。山门的内侧有龙王殿、真武殿，藏经殿中释迦佛祖合掌闭目，南海观音挥动拂尘，造型生动，栩栩如生。

·古云泉禅寺

古云泉禅寺，院中有一古柳，二株盘抱而生，其高12米有余，相传为明代所植。稀奇的是向东横卧的一株主干中空，且腹中长出一株松树，柳丝袅娜，松枝苍劲，形伴影随，相映成趣。但古柳仍然枝繁叶茂，属重点古柳名木之一。在西边峭壁曾有一株榆树，高13米，相传为元代所栽，但已枯死，过去曾被称为"元榆明柳"。禅寺中最为奇特的是寺的西崖下，排列着三个古洞，相距仅1米左右。最左边的为冰洞，洞口楹联曰："灵液供丹灶，清心照玉壶。"洞中一年四季结冰，晶莹剔透，即使到了炎炎烈日的夏季也不会融化。最右边的为水洞，洞中的泉水清澈，一年四季不会结冰，即使在数九隆冬也不结冰。曾有诗曰："傍山冬日渡，侧水夏天凝"，就是对冰、水两洞奇景的写照。而最中间为风洞，一年四季凉风不断，将物品放置风洞洞口就会被疾风吸入，据传曾经有一名儿童探头被风吸入。现如今，风洞已被封闭了。

古云泉寺经历了岁月的洗礼以及风雨的剥蚀，特别是"文革"浩劫，寺院由原来的14公顷毁至不足1公顷。1997年，天台宗四十六世接法弟子果岚大和尚携徒弟常安等弟子入住云泉寺，担任起修复祖庭的重任，将古寺重新翻修。但因寺院场地狭小，已不能满足正常的宗教活动的开展。经果岚大和尚研究决定并报请政府批

准，于 2007 年恢复云泉寺原有面积并正式奠基动工。历经三年，云泉寺于 2010 年 9 月竣工。扩建重修后，整个寺院浑然一体，随山就势地分为五个平台，层次分明，高低错落有致。由山门起寺院的四平台为新建殿堂，总共分为东、西、中三个院落，中跨为礼佛区，而东西两跨为生活区。第一平台是云泉寺的山门、钟楼等建筑。两个将神分立山门两侧，形象逼真，威武雄猛。 穿过石门，开山祖师清月长老的"清月道场"四个摩崖石刻大字显现眼前。上到第二平台便是天王殿，单腿微笑、坐在中间的是弥勒佛，殿内两侧有四大天王塑像。走过天王殿，镌刻在第三平台的摩崖上"同根、同祖、同道、同源"映入眼帘，提示着云泉禅寺是道源长老中兴的祖庭，展示了海峡两岸佛教同根、同祖、同道、同源的本性。三平台是大悲殿，殿中的千手观音菩萨矗立正中，善财童子和小龙女分立两侧。大悲殿的后侧即第四平台，平台两侧台阶的正中雕刻着由原任中国佛教协会会长传印长老题写的"光寿无量"四个大字。上到平台即"大雄宝殿" 殿内并排供奉着五方佛，从左至右

分别是东方香积世界阿閦佛、南方欢喜世界宝相佛、毗卢遮那佛、极乐世界阿弥陀佛、北方莲花世界微妙声佛，其中殿内还供奉着14800尊佛，该殿也被称为"万佛殿"。大雄宝殿是全寺主体建筑，也是僧众朝暮集中修持之处。而后就走进旧庙区，也是云泉寺的第五平台。

· 导览图、行车路线

1. 自驾路线：沿张家口北绕城高速（东向）行驶至桥西区出口驶出进入平门街，行驶2.5千米右转进入西环，行驶310米向左前方转入西环入口，行驶1.4千米向右前方转入西环辅路，行驶500米右转进入南瓦盆窑大街，行驶3.8千米即可到达赐儿山景区附近。

2. 公交路线：张家口汽车客运总站步行约700米，在明德北公交站乘坐32路（南天门到赐儿山方向），经过9站，到达赐儿山公交站，步行约3.9千米即可到达赐儿山。

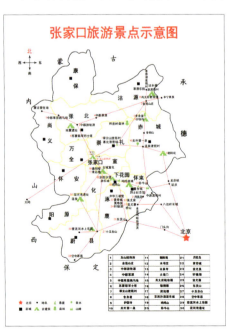

第十二章

鸡鸣山

北天一柱 七代帝王曾登临

鸡鸣山自古以来即为名山，北魏文成帝、唐太宗、辽圣宗、萧太后、元顺帝、明英宗、清康熙等七代帝王都曾登临过此山。鸡鸣山山顶现存有清乾隆四十六年（1781 年）的一通古碑，碑文中有"唐太宗驻跸其下，闻雉啼而命曰鸡鸣"，即鸡鸣山为唐太宗命名。康熙帝于 1696 至 1706 年的十年间，曾四次驾临下花园，两次登临鸡鸣山。他曾休息过的"卧龙石"至今仍静卧道旁。

　　中国七代帝王登临一座山，这在中国山脉里是不多见的。为什么中国七代帝王驻足鸡鸣山？原因一是鸡鸣山的险。鸡鸣山地处张家口下花园，总面积17.5平方千米，是通往塞外必经之路，在中国古代这里地处边关，历来是兵家必争之地，过了鸡鸣山几乎是无险可守。二是鸡鸣山的峻。鸡鸣山海拔1128.9米，山势突兀，孤峰插云，可谓为塞外"北天一柱"，是塞外最高的孤山。元代诗人郝经曾用"一峰奇秀高插云"的诗句来形容鸡鸣山的高峻。这险峻高山自然受到历代帝王的青睐，辽代萧太后就在这一带住了36年并在山上修了一处敞亭（后人称萧太后亭），经常登山观景，打猎习武。有人赋诗以记之："阏支此地曾歌舞，别起妆楼对暮山。马首垂杨青一带，锦裆红袜射雕还。"（诗里的阏支借指萧太后，暮山指鸡鸣山。）萧太后山下构筑皇家园林，如今张家口下花园的名称即来源于此，这雄山美景逐步使她厌倦了连年战争，加之战事失利，后和宋朝达成"澶渊之盟"，实现了中国数百年和平。

　　这奇山秀景自然少不了庙宇楼阁。山上永宁寺始建于三国曹魏明帝太和五年（231年）。辽太平四年（1024年）辽圣宗耶律隆绪（971~1031年）下诏修山泽祠宇，先哲庙貌，以时祀之。在山上建有中寺，后改为永宁寺。鸡鸣山原有庙宇112间，建筑面积1300多平方米，塑像200余尊，是高僧念经讲佛和众人祈福的圣地，每年四月十三至四月十八为庙会日，来自各地善男信女络绎不绝。

　　鸡鸣山东顶有一观日台，是登山观日出的好地方。站在台上，天气初曙，疏星晓月，万道曙光渐渐地从地平线向四外辐射，好像万把金剑脱鞘而出，红红的太阳戴着金冠慢慢从云层里爬出来，瞬时霞光万道，冉冉升起，灿烂的阳光把山川田野照耀得绚丽多彩，大地呈现一片勃勃生机，好一幅壮丽的鸡鸣山日出图！

　　鸡鸣山不但伟，而且秀。每当夏秋之际，白云环腰，景色宜人，若大海波浪逶迤而动。鸡鸣山承受日月爱抚，雨露滋润，挺秀在塞外的这片热土，壮美成北疆的独特奇景。

·萧太后亭

萧太后亭造型美观，古朴典雅，是颇具辽代风格且别具风味的一道美景。当年，萧太后怕暑热，在鸡鸣山修建了一个凉亭，进入炎热的夏季，萧太后常来此乘凉消暑。人们便把它称为"萧太后亭"。经历了历史的变迁、风雨的冲刷以及兵匪浩劫，萧太后亭早已不复存在。后人为怀念一代豪杰萧太后，又重新修筑了现在的萧太后亭。

·孔石桥

孔石桥是在两峰之间架设的单孔桥，又名避风桥，全部由石头砌成，坚固且美观。桥面宽2米，长12.5米，两侧是汉白玉护

栏，各有10个望柱，柱头上雕刻着大大小小形状不一的石狮子，簇拥玩耍，千姿百态，活灵活现。栏墙上雕刻着人物花卉，鸟兽鱼虫，造型十分美观。在这个海拔1128.9米的高空，即使遇到狂风大作，只要登到避风桥上，风声戛然而止，万籁俱静，风都汇入桥洞钻出，一丝一缕没有越上桥面，真是塞外一绝，甚至在国内都罕见。可惜桥的护栏以及高大的石坊、精美的石壁都在"文革"中被毁。虽然这些艺术精品不复存在，但避风桥美丽的传说依然在民间流传。

相传，王母娘娘蟠桃会上，豺狼修炼成的风神碰碎了九龙神壶，王母一气之下把他贬到鸡鸣山上的风口处。风神经常发怒，一发怒就狂风大作，飞沙走石，伤害了不少百姓。一日，吕洞宾到鸡鸣山上游玩，见风神如此猖狂，就想制服他。吕洞宾用手一挥，从黄羊山调来一棵大松树，接着点化了这座桥，又点化了这些石狮子，才得以镇住风神。随后，他抽出宝剑一划，让风从桥洞钻出，不越上桥面。这座避风桥集技术和文学艺术于一体，体现了工匠们的聪明才智，是宝贵的文化遗产，很有研究价值。近年来，重修了避风桥，整修了桥面，加固了护栏。虽然没能全部恢复避风桥当年的风采，但避风桥的特色依然存在。

·临济光明塔

临济光明塔是鸡鸣山的标志性建筑，按照正定临济禅寺释有明大和尚意旨保一方平安而命名。塔高33米，有七层，代表七级浮屠。此塔为混凝土结构檐式，塔底设有地宫，为六角形，地宫上面六角对应为12米。第一层是六柱廊式，设南北门；第二层至六层设南门，檐上为平座木制栏杆，平座及各层檐下均饰斗拱。一层的四面以及二至六层的东南、东北和西南、西北四面，各镶嵌汉白玉释迦牟尼佛像，共22尊，安座在华拱平座上。塔檐为青瓦，各层挑檐各镶嵌仙人领路的七个兽首。一至七层，六挑檐下各挂六个风铃，塔顶为钛合金属塔刹，塔内中心柱直插六层，沿盘转塔梯可攀登到七

层眺望四周美景。临济光明塔坐落恰当，彩绘精美，独具匠心。凡是有塔的地方百姓安宁，人与生灵和谐共处，很少有天灾人祸，也是镇山之宝。

·导览图、行车路线

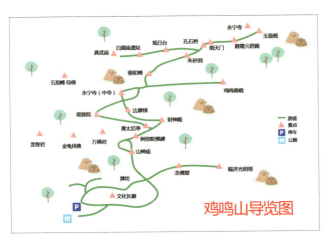

鸡鸣山导览图

1. 自驾路线：沿京藏高速行驶至鸡鸣驿收费站出口驶出，向右前方行驶进入139乡道，沿139乡道行驶9.9千米后即可到达鸡鸣山景区附近。

2. 公交路线：张家口汽车客运站乘车至下花园车站下车，下花园车站距鸡鸣山景区约5千米，可自行选择交通前往。

第十三章

海陀山
京冀交界处第一高峰

　　海陀山是河北与北京的界山，也是京冀交界的最高峰。山北半部位于河北赤城县，南部临北京市延庆区，在北京名为松山。海陀山总面积100余平方千米，山脉呈西南东北走向，海陀山有三个山峰，分别是大海陀、小海陀、三海陀。大海陀海拔2241米。海陀山是北京之肺，森林覆盖率达95%。由于海陀陀高差异幅度大，导致气候垂直分布明显，从山下到山顶依次生长油松林、次生油松林、桦林。山地草甸生长着甸类型的植物带，如黄花菜、手掌参、山丹等。海陀山是北京的屏障，山势险拔，直入云霄，如一面巨大的屏风横亘于首都之北，成为抵御沙尘暴入京的重要防线。这里也是登山爱好者的天堂，山高林密，但登到大海陀的山顶却是一处长近10千米、宽500米的高山草甸。这里绿草如茵，山

花盛开，白云飘飘，令人心旷神怡。每年有数千名登山爱好者来这里登山露营。

海陀山一年四季都有美景，春有鲜花，夏有飞雨，秋有红叶，冬有雪。到夏季，有时骤雨如飞，被称为 "海陀飞雨"，又名"吞奇吐秀"。这里也是动植物宝库，有着典型的北温带山地森林生态系统，在华北地区极具代表性。物种繁多，松桦成林，植被的覆盖率达 90% 以上。拥有动物植物 2000 余种，单位面积区系种类比例高出全国平均数的 27 倍以上。其中国家重点保护植物树种有核桃楸、野大豆、猕猴桃、黄檗等。位于海拔 1800 米以上是大草甸类型的植物带。海陀山得天独厚的自然条件是候鸟迁徙的必居之地，也是野生动物的世界。其中鸟类有 125 种以上，兽类 29 种，珍稀动物包括斑羚、金钱豹、金雕等。海陀山也是河北温泉之乡。其山岩多为花岗岩、侏罗纪的安山岩、火山凝灰岩和角砾岩等。岩石形成年代距今 1.3 亿年。山中多峡谷，为河流下切和断裂抬升构成。山南部为平原，有断裂带，地热资源丰富。海陀山山沟和山脚下到处都有泉水。山下塘子沟原来有一座古庙，名叫温泉观，俗称塘子庙。庙后有一温泉，水温达 42℃。《水经注》作者北魏郦道元到此考察，曾经在此洗浴，并有记载。河北赤城温泉也被称为关外第一泉。

· 海陀山抗日根据地

　　海陀山在战争年代是著名的抗日根据地和中共平北地委所在地，也是离北京最近的一个根据地。平北地区山峦起伏，气候寒冷，地瘠民贫，生存条件艰苦。然而，其战略地位十分重要，是连接平西到冀东的桥梁，是八路军配合苏军作战的前沿阵地，是坚持热察、挺进东北的支撑点和交通要道，是夺取抗战胜利、解放全国的可靠后方。

　　对于插入敌人心脏的这把尖刀，日伪必欲除之而后快。敌人集中近 2 万人的兵力，对平北根据地反复"清剿"。1942 年是抗日最艰难的一年，日寇的"大扫荡"、集甲并村、"蚕食""囚笼政策"使平北军民几乎无立足之地，大庙子村连烧七次，平均每户有三人被杀害或牺牲于战场。据统计，作为平北抗日中心的海陀山区，1942 年全年，敌人共发动大小"扫

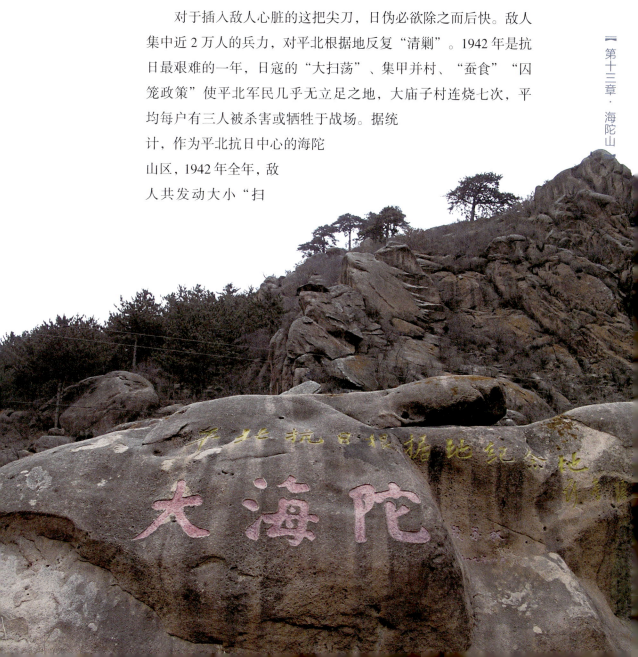

荡" 32 次，村干部和抗日积极分子被杀害 430 人，被捕 1100 人，被烧毁房屋 25580 间，群众损失粮食 180 吨，牲畜 2100 头。

日军在海陀山设据点 158 个，驻军 1 万；而抗日部队和游击队只有 2500 人，是敌人的 1/5。然而正义之师民心所向，到 1944 年年底，仅民兵和游击队就发展到 43600 人。1943 年对敌作战 275 次，毙伤俘敌 1850 人，充分展现了军民抗战的强大决心。

· 王次仲落羽化山

王次仲是上谷沮阳人，他父亲是燕国一位掌管书简的小官。王次仲博学多闻，变秦小篆为隶书，写字较简易。秦始皇正为每天翻看好几车的公文发愁，听说上谷郡有个会写简字、创了新体的能人，十分高兴，便派人去召他入朝为官。王次仲听说了，马上托病回避，三征不至。这在郦道元《水经注》中有记载："海陀东侧有二峰，高峦截云，层凌断雾，双阜共秀。郡人王次仲改仓颉旧书为隶书。始皇奇而召之，三征不至。始皇怒，命槛车送之。次仲化作大鹏翻飞而上，落二翮于斯山，故其峰有大翮、小翮之称。"他故去后，人们敬仰他的为人，钦佩他的书法改革，便在海陀山上修建了次仲庙，以示纪念，又将海陀山东侧的两个山峰命名为大翮山、小翮山，即大海陀和小海陀。

海陀山是登山露营爱好者的天堂，每年京冀有数千登山爱好者来到海陀山登山露营。

· 导览图、行车路线

1. 自驾路线：沿藏高速高速行驶至沙城收费站出口驶出，左转进入 241 省道，行驶 38.9 千米右转进入 082 乡道，继续行驶 13.7 千米即可到达海坨山景区附近。

2. 公交路线：乘车至延庆北站，在延庆北站乘坐

Y45 路（妫水北街南至下营方向），途经下坂泉村（如果选择从啤酒溪上山，此处可下车），到达松山路口下车，自行选择交通前往西大庄科或海坨村。

第十四章

飞狐峪

"太行八陉"之一

　　飞狐峪，俗称北口峪，是穿越太行山、燕山、恒山三山交汇处的一条古道，是历史上著名的"太行八陉"之一，这里的山势高达2000米，平均海拔1500~2500米。飞狐峪是山岳型风景旅游区，山高峡奇，景色优美，位于河北省张家口市蔚县正南13千米的宋家庄镇。这里山峰怪异，谷幽奇险，地形由南向北，变幻莫测，逶迤蜿蜒20千米，最宽处近100米，最窄处仅4米。有时险壁挡面，山重水复疑无路；有时宽阔明朗，柳暗花明又一村。处处奇观给人无限遐想，胜景背后又蕴含着无数奇妙的故事与传说。飞狐峪曾是古时南通华北平原及北去塞外大漠的要道。在没有火车、汽车等交通工具的时代，此处一直是通往山西以及内蒙古的重要通道。明崇祯时期兵部尚书杨嗣昌（1588~1641年）的《飞狐口记》，形容飞狐口的山势如"千夫拔剑，露立星攒"，山路"回首万变"，如"珠曲蚁穿"，高处"有如天门"，深处"令人旋踵转足"。清代吴蕖昌《北口峪》中称其"疑神疑鬼，为人力当不受"。飞狐峪当地百姓说："四十里飞狐七十二道弯，弯弯有洞天，处处含惊险。"

峡谷两旁奇峰陡立，怪崖悬空。光怪陆离的山势让人望之触目惊心。峡谷中，谷宽涧浅，如若在盛夏时期，阳光明媚，满山滴翠，鸟语花香。继续向前，峰峦闭锁，两峭壁的怪石相互交错，明媚的阳光不复存在，凉风袭来，阴森逼人，只有一线天，乱云飞渡。顺山路而进，时而险壁当道，时而别有洞天。顺峡谷向前，会观赏到一些给人留下无限遐想的奇峰怪石，如"一炷香""双箭孔""三仙思月""四将守门""五狗望月""六郎桩""七女峰""八仙洞"等。飞狐峪主要以山峰怪异、深幽凶险称奇。从古至今，兵家因此地山凶地险而征战驻守，峡谷中遗留着文人墨客对奇观叹妙称奇的诗篇。

· 一线天

　　一线天，两壁峻峭的峡谷中有一线微通，其中最宽处近千米，最窄处仅四米，谷中神秘莫测，别具天地。时而悬崖峭壁，走投无路，时而峰回路转，豁然开朗。春末夏初，满目绿色，从山巅直泻谷底，如绿色飞瀑。条条小峪自然天成，有粉红色的杜鹃峪，白色、红色的樱桃峪。雪白的乡线菊布满各峪，清香的花蜜味清风扑面，优雅动听的百鸟协奏曲不时从苍松翠柏间飘来。八仙在成仙以前曾游过此地，当他们半云半雾地来到岔道悬崖顶上，慧眼一开，"真是修行养性之宝地"，于是八仙运用神力，各开一洞穴在此修炼，成仙后便游到东海去了。八仙洞至今保存得非常完好。

·一炷香

一炷香，是飞狐峪的又一景观，在进峪千回百转之中蓦见一峰如柱，上接云霄，雾盘云绕，下垂谷底，沉重稳健，高32米，粗9米，《蔚县志》说它"形类塔柱，高耸入云"，像"棒槌山"，像"缝塔"。传说李广、杨六郎都曾在这里拴过马。所以又称拴马柱。百姓说这是"镇山棒"。明代兵部侍郎杨嗣昌曾写诗形容它："孤峰屹离撑，秀岩若天柱。"

· 天眼

飞狐峪奇特的山体形态比比皆是。

· 飞狐峪之春秋

　　飞狐峪的春天和秋天，风景秀丽，气候宜人。山上，草木繁茂，山花烂漫，动物奇珍，蝶飞鸟鸣；峪内，松涛阵阵，凉风习习，异峰比势，鬼斧神工。

· 导览图、行车路线

河北名山

Famous mountains in Hebei

1. 自 驾 路线：张石高速行驶至蔚县南收费站驶出，继续行驶 3.6 千米左转，进入 418 县道，继续行驶 6.5 千米可到达飞狐峪景区附近。

第十五章

景忠山

三教合一名山

　　中国的佛道教名山比比皆是，但是集佛、道、儒三教于一山，并祭祀中国历史忠烈名臣的山全国唯有景忠山。清康熙帝曾御题"天下名山"。景忠山位于河北省迁西县境内，海拔 610 米，为省级森林公园，省级地质公园，河北最美三十景之一。作为京东闻名的宗教圣地，景忠山既有佛教的佛祖殿、菩萨殿、四帅殿，又有道教的碧霞元君殿、玉皇殿、真武大帝殿，还有祭祀儒家推崇的

三位杰出忠臣诸葛亮、岳飞、文天祥的三忠祠。根据史料记载，景忠山"旧有二名，南曰明山，北曰阴山"。明初时于山顶建三忠祠，"欲人景行仰止"，所以改名"景忠山"。

景忠山有大小景点 30 余处。山上野生植物资源达 80 余种，森林覆盖率为 98%，仅 200 年以上的古松就有 2000 多株，鸟类 20 余种。山上古岩峥嵘，苍松蔽日，峡谷清幽，1872 级台阶直达峰顶，其自然景观鬼斧神工，风格独具，山间株株古松立于悬崖峭壁之上，造型独特；条条峡谷，险峻幽深；块块峰石，似人似物，逼真入化。危岩峥嵘，峡谷清幽，云雾缥缈。初春山花烂漫，盛夏绿林成荫，深秋层林尽染，寒冬银装素裹，一年四季都具美景。当年康熙皇帝登临此山后，有感而发，御笔题下"灵山秀色"。

景忠山早在宋代就有庙宇建筑。明朝初年在此山修建"三忠祠"，明嘉靖二年（1523 年），蓟镇总兵官马永重修三忠祠，并在祠东增建了碧霞宫，奉碧霞元君像，香火逐渐兴盛。此后，戚继光等蓟镇官兵经常登临此山，留下许多名篇佳句。崇祯八年（1635 年），碧霞宫毁于一场火灾。后善首张天礼、住持性春率众重建碧霞宫正殿，明崇祯帝拨帑金增置了配殿及上下牌坊。清朝初期，顺治帝和康熙帝对景忠山格外垂青，曾六次登临景忠山，不仅拨给大量田产和帑银用于修复山上山下的庙宇建筑，而且御赐十六斤四两（旧制）重的金娘娘一尊及四千五百余卷的《大藏经》，作为景忠山镇山之宝。从 1992 年开始，当地政府和人民对景忠山古建筑进行了大规模修复。修建恢复景忠山山门、四帅殿、登山盘道、三道茶棚、朝仙门、望海楼、碧霞元君殿、圆通寺、南天门等主要建筑。近年来，又重修了寺庙内佛像金身，扩修了御佛寺金殿、万福路、景忠禅泉、观景木栈道、宝鼎文化广场、三教广场等新建景观，增加了新景点 20 余处。投资 3.1 亿元的万松禅苑、高档宾馆，使景忠山景区的宗教养生、食宿休闲、会议度假及旅游等配套附属设施更加完善。

· 鸳鸯松

景忠山森林覆盖率高于 90%，其中 200 年以上的古松就有 2000 多株，松树挺拔，形态各异，为景忠山一大景观。

·香椿

　　景忠山的香椿树非常出名。说起香椿，在民间还流传着这样一段故事呢。

　　从前，有一个皇帝到燕山一带打猎，为了追一头野兽，就和卫士跑离了大队人马。天渐渐黑了，皇帝又累又饿，抬头见山上有一户人家，就和卫士一起敲开柴门，想讨顿饭吃。主人一听皇帝来到自己家，连忙把家中仅有的四个鸡蛋拿了出来，准备给皇帝吃。可是，四个鸡蛋炒不了一盘。初春时节，山野之中一时又没有其他菜肴。主人想来想去，突然，想到院中那棵香椿树，他马上从树上掰下几个嫩芽和四个鸡蛋一起炒。谁知端上桌子后，皇帝一看非常高兴。这盘鸡蛋炒香椿，有黄有绿，有红有白，油光鲜亮，又嫩又香。皇帝吃遍山珍海味，从没吃过这道菜，不禁觉得清香无比，赞不绝口。皇帝回到宫里，就把这道香椿炒鸡蛋列入宫廷御膳，后宫嫔妃吃后也无不称赞。

　　皇帝吃香椿炒鸡蛋的故事，是否确有其事，无从查考。但景忠山一带的香椿，明清两代均为贡品，却是事实。

　　景忠山香椿堪称一绝。首先是颜色独特，一般香椿呈暗红色，景忠山香椿则深红中透出亮感。腌制时，红椿出青汤，香味浓郁，脆嫩鲜美，非其他同类可比。景忠山香椿的特色，仅限于景忠山脚下至山庄村及村周围，离此三五里以外其他地方的香椿则香色平平，有人把此村幼树移栽外村，谁知再发芽时也毫无原来特色。

景忠山冰瀑

· 御佛寺金殿

金殿位于头道茶棚南侧，建于 2009 年，是中国最为经典的铜雕建筑之一，为我国北方第一金殿。金殿为仿明清木结构铜雕建筑，重檐叠脊，飞翼翘角。金殿高 7.69 米，面阔 5.9 米，进深 4.9 米，耗铜 109 吨。

殿内佛龛、香案和供器均为纯铜打造。现殿内悬挂铜板线雕壁画四幅，再现当年顺治帝、康熙帝驾幸景忠山，礼佛问卜，别山法师接驾，对诏称旨，御赐金娘娘、《大藏经》等真实的历史场面。现在殿内供奉的金娘娘为本县善士李波所捐赤金十六斤四两，重塑娘娘金身，由九华山高僧慧庆大法师诵经开光。

· 导览图、行车路线

1. 自驾路线：在长深高速遵化东出口驶出后向右前方行驶进入 356 省道，行驶 17.8 千米右转进入三抚公路，继续行驶 2.8 千米可到达景忠山景区附近。

2. 公交路线：在唐山客运西站乘班车到迁西县城汽车站，再从迁西汽车站乘坐前往三屯营的班车可直达景区。

景忠山导览图

鬼王庙　知止洞　狐仙洞
玉皇殿　碧霞元君庙　财神庙　棒槌岩
佛祖殿　舍利塔
藏经阁
后佛堂　钟亭　三道茶棚
鸳鸯松
金殿　二道茶棚　回音出口
一道茶棚　鹰狮谷
宝鼎文化园
四帅殿
山门

游道
景点
停车
公厕

第十六章

白石山

北方小黄山

白石山是全国唯一拥有大理岩峰林地貌的景区。白石山雄踞八百里太行山最北段，山体高大，有"三顶、六台、九谷、八十一峰"，主脊长 7000 余米，位于河北省涞源县南 15 千米处，景区总面积达 54 平方千米。白石山的主峰佛光顶海拔 2096 米，登临其顶可以远眺狼牙山和五台山。白石山拥有 200 多平方千米大理岩，被称为"司格庄岩体"。这一奇特的山体使白石山成为世界地质公园、国家 5A 级景区。

白石山因山体多为白色大理石而得名。白石山的顶部岩盖层形成于 10 亿年前的海洋环境。地壳运动使这块白云质大理岩产生了两组以上的垂直节理，在后来亿万年的漫长岁月里，风化作用使垂直裂隙不断扩大，岩层变成了根根伫立的奇峰；而且，这些柱立如林的奇峰又正好伫立在稳固的花岗岩基座上，使得这些

白石山

又奇又险的峰林在不断的地质运动中能够被保留下来。岩浆侵入时，炽热的岩浆烧烤白云岩，使白云岩发生重结晶等热变质，变成了晶粒均匀洁白的大理石。但白石山顶部因距岩浆较远，火候不够，虽然发生了热变质，但未形成纯大理岩，仍为层层叠叠的白云岩貌。岩浆拱起上边的地层后，破碎的地层经亿万年的流水冲刷和日晒风吹等风化作用，一点点地被剥蚀掉，变成卵石、沙粒、土壤，冷凝在地壳浅部的花岗岩渐渐"破土而出"。

白石山的景色有黄山之美，景区内山峰众多，在不到三平方千米的景区内，山脊和谷峰多成丛成簇。山壁峻峭，直上直下，有棱有角，如塔如剑，如刀削斧劈。景区内的山峰形状怪异，有的如铁柱，有的如船帆，有的如神仙鬼怪，有的倾而不倒，有的状如垒块。

白石山以云海著称，由于植被茂密，降水众多，夏季常常可以看到白石云海。云海似万顷波涛，如梦如幻地飘逸在峰林之间，景色十分壮观。

登山路线首推从西门上东门下。沿途景点有翠屏峰、太行绝壁、飞云口、山盟台、捷足登先、双雄玻璃栈道、双雄石、红桦林、风云际会、馍馍石、侧身崖、姜太公钓鱼、豁然崖、白石晴云、海豚出水、小洞天、韭菜园等。

· 白石山云海

白石山以云海著称。云海似波涛，似海浪，缥缈在群峰之间，为白石山一大景观。

白石山又称"小黄山"，很大程度上是由于它也有类似黄山的奇峰和云海。云海是低于山脉的云层。云海的形成条件是山要有一定的高度，一般要在海拔千米以上，低山形成不了云海。二是有充沛的降雨和植被产生形成云层的条件。三是合适的气温。

云海，像大海一样壮阔，一望无际，也有大海一样的波涛，甚至是惊涛拍岸，只不过不是海水，而是流动的云。这云没有海的碧蓝，但洁白如玉，有时在阳光的照射下又染成如红霞一般瑰丽的色彩。云海和大海不同的是它比大海更变幻莫测，忽而淹没脚下山峰，忽而又露出远方岸边丛

白石山云海

林，风起云涌，变幻万端，令人目不暇接，充满神秘色彩。这一组表现白石山云海的照片，远远不能表现大自然给我们造就的云海奇观。莫辜负了大好时光，登高山亲自一览这缥缈壮观的云海吧！

· 白石山林峰

　　林峰地貌是白石山最壮观的景致。白石山林峰是中国唯一的大理石岩峰林地貌，也是中国峰林地貌的一种新的类型。大理岩林峰的主要部分由 100 多座高低错落、相对独立的山峰组成。其主峰高出其他群山数百米。林峰的最高落差可达 600 米。每到夏秋时节，海拔 1800 米以上常常云雾茫茫，若雨后初霁，波涌浪卷。白石山的降雨较多，植被覆盖面积大，涵养水分较多，泉眼多出现在海拔 1300 米的高度范围，西麓和南麓的峡谷瀑布各具特色，以西麓十瀑布峡的双龙瀑、飞龙瀑最为壮观。万里长城横卧白石山的北侧，长约 4000 米，而且大部分敌楼和城墙保存完好，是中国长城中保存最为完整的一段之一。

白石双雄

姜太公钓鱼

·空中草原景区

　　空中草原景区位于涞源县城西北 28 千米处海拔 2000 多米的巨大平顶山的山顶上，方圆 20 多平方千米。山的四周陡峭，山顶却坦荡如砥。空中草原夏季气候温凉，花草茂盛，各色野花次第开放，6 月初是黄色小花，之后是红色、蓝色、白色等。整个夏季，都盛开着金黄、鲜艳、充满诱惑力的野罂粟——空中草原的代表性花卉。习习凉风吹碧海花浪，朵朵白云抚地游走，登空中草原可"手摸白云天，脚踏花草地"，是骑马放歌的绝佳去处。

· 白石山栈道

栈道是悬崖峭壁上打孔设梁铺设的道路，古有"明修栈道，暗度陈仓"的典故。

2014 年，白石山景区的玻璃栈道修建完成并对外开放，该栈道位于白石画廊的双雄石至飞云口绝壁栈道 1.5 千米处，后又在仙人靴后面建成有玻璃廊桥长 200 米的第二条栈道。

白石山玻璃栈道是目前国内最长、最宽、海拔最高的悬空玻璃栈道。栈道海拔 1900 米，建成后全长达 95 米，宽 2 米，与张家界天门山（长 60 米，海拔 1430 米）及丹东凤凰山（长 31 米，海拔 700 多米）的悬空玻璃栈道相比，位列国内玻璃栈道之首。

· 十瀑峡

十瀑峡景区位于涞源县城南15千米处，是白石山西麓的一条以高山峡谷、溪流瀑布景观为主的山谷。在峡谷，可听幽谷泉鸣，看飞瀑流泉。泉水从海拔1300米处的龙虎泉发源，在峡谷巨石间流淌，跌岩为瀑，流连为潭，大小十余条瀑布，或平缓或飞泻，似飞龙若卧虎，水山交映，趣味横生。春天，山桃花、杜鹃花迎风绽放，山谷中的巨大冰瀑与山花相映成趣。十瀑峡的花岗岩地貌与瀑布流水，构成了泉、瀑、石、松于一体的绚丽景观。

· 导览图、行车路线

1. 自驾路线：荣乌高速行驶至涞源南收费站驶出，行驶100米向右前方转进入207国道，行驶3.5千米左转进入下银线，继续行驶8.8千米即可到达白石山景区附近。

2. 公交路线：涞源县旧汽车站乘坐白石山大巴车前往，可到景区东门；到达东门后须换乘景区车上山，或乘坐缆车上山。

第十七章

河北名山
Famous mountains in Hebei

大茂山
古北岳恒山

大茂山即古北岳恒山，是华夏五岳之一，又名神仙山，位于河北省唐县西北 75 千米，在华北平原北部与太行山的交界处，通天河的发源地。景区总面积 1353.33 公顷，海拔 1898 米，是距保定 120 千米范围内最高的一座山，山高林密，动植物资源丰富。登大茂山顶可以看到峰连峰、峰拥峰、峰压峰、峰峰争先的壮观景象。修建在曲阳县的北岳庙，是历代帝王遥祭北岳恒山即大茂山的岳庙。

山上原始次生林郁郁葱葱，遮天蔽日，森林覆盖率达 56.6%。大茂山被世人誉为"华北碧珠"。这里云涛云海，翠峰

耸立，树密草丰，响泉飞瀑，有南方山林的秀姿，有北方草原的野趣，有类似黄山的云海。这里是一个入伏不见暑的清凉世界。大茂山山势险峻，山林茂密，云来如雾，林海生烟。两万多亩（约1400公顷）山林中有油松、白桦、山榆等多种林木，浓荫下有人参、灵芝等中草药千余种，黄杨球、野山茶等千姿百态的野花点缀其间。狍子、黄羊、小山猫的身影忽隐忽现。

大茂山的峡谷和峭壁之上，横空着古老的松柏和飞流直下的瀑布，特别是那万丈崖之上的跑马梁，增添了一分安谧。在宽阔的跑马梁上，芳草萋萋，草长莺飞，百花争艳，将山的雄奇与草原的辽阔和谐地融为一体。春天，阳光明媚，数不尽的山花斗艳争芳，品不够的花香在空气中迂回弥散。端午节时，山上仍有冰瀑倒挂。夏日，云雾缭绕，半山中的小山村时隐时现，堪称"白云生处有人家"。太阳将要落山的时候，空中飘浮的云彩千变万化，气象万千，身临其境，好似腾云驾雾一般。秋天，天高云淡，秋高气爽，白天，望秀丽山川，层峦叠嶂，连绵起伏，怪石嶙峋，令

人浮想联翩。晚上，星空闪烁，山下城村万家灯火。冬季，奇形怪状的冰瀑，琼花玉树；若是大雪纷飞，漫山遍野，银装素裹，令人心旷神怡。

从春秋战国至明代，北岳恒山一直在曲阳（后来行政区划有所变更）。直到如今，曲阳县还保留有北岳庙，历朝也都在此祭祀北岳。我国名山五岳之中的北岳是明末清初时才被定为山西浑源天峰岭的，从秦代到清初的1700多年历史中，历朝皇帝祭祀的恒山都在河北省的大茂山，这些都有史书记载，无可争辩。

大茂山作为五岳之北岳在很早以前就是中国祭祀的名山。司马迁著《史记·封禅书》中曾提到五岳。汉武帝在位时正式创立了五岳制度。《汉书·郊祀志》记载，汉宣帝神爵元年（前61年）颁诏，确立了泰山为东岳，华山为西岳，衡山为南岳，恒山（大茂山）为北岳，嵩山为中岳。《尔雅》：恒山为北岳祠典，五岳之一也。北岳初称"北岳神"，执掌一方。《周礼》视五岳为三公，以公侯待之。初唐时，北岳被称为"北岳府君"。中唐起，五岳始加封号。例如，天宝六年（784年），唐玄宗李隆基下诏封北岳神为"安天王"。宋真宗于大中祥符九年（1016年）加封北岳安天王为"北岳安天元圣帝"并封帝后之号。元代在前几代基础上又加封北岳为"安天大贞元（玄）圣帝"。明洪武三年（1370年）北岳又改封为"北岳恒山之神"。

大茂山是我国著名的道教圣地，其道教文化历史悠久，高道众多，理论宏富，首创宗派，影响深远，是我国宝贵的人文资源。其中早期为方士活动，后来茅山派、天师道和全真教等道家派别均有活动。道教视恒山为神仙所居，是道士修行的洞天福地，称其为三十六洞天之第五洞天，名总玄洞天。司马承祯《天地宫府图·三十六小洞天》曰："第五北岳常山洞，周回三千里，号曰总玄洞天。在恒州常山曲阳县，真人郑子真治之。"《北岳真行图》说北岳恒山，在定州曲阳县（山即神仙山），是长桑公真人得道之处，天涯、崆峒二山为副。岳神姓晨讳咢，封号"安天元圣帝"。北岳者，主世界江河淮济，兼四足负荷之类，管此事也。女道士昌荣曾隐居此地，昌荣自称殷女，食松柏籽，饮山泉水，采挖中草药，为山下百姓治病，往来山上山下二百余年，容颜如童。百姓们非常感激她，热情地称她为"少容姑娘"。

大茂山不仅是我国道教的圣地，与佛教也有较深的渊源，佛家称神仙山为青峰埵。东晋十大名僧之一的释道安（312~385年），于永和十年（354年）率500名信众至恒山修建寺院传教说法。后来，一代佛坛宗师慧远及其弟慧持，亦来神仙山学道受戒，形成以道安为核心的恒山佛教僧团。所建金龙寺内建有万余尊铜佛像，其中一弥勒佛，体型硕大无比，堪与乐山大佛比肩，一只耳朵眼内即能容下四个人坐着打牌。遗憾的是，后来由于连年征战，天灾频繁，道安师徒无法在河北立足，遂率信众迁往河南。从此，古北岳恒山上的寺庵日趋冷落。现存佛教寺院遗迹36处，除金龙寺外，还有石猴寺、上寺、石城院坡寺、观音庵、菊花石堂庵等。这些古代佛教遗址的名字，现在成了古北岳恒山周围村庄的名称。

·北岳庙

北岳为五岳之一，五岳为中国五大名山的总称。五岳的名称始见于《周礼》。北岳庙坐落于河北保定市曲阳县城，始建于北

魏宣武帝年间，是汉代至清顺治十七年（1660年）多代封建帝王遥祭北岳恒山的地方。五岳自古至今，其名望甚高，因其传说为群神所居，历代帝王多往祭祀。北岳庙就是为古代帝王将相遥祭"北岳恒山之神"而建的，故名北岳庙。北岳庙不仅是祭祀北岳恒山之神的风水宝地，也是一座内涵丰厚的文化艺术殿堂。

北岳庙内建有博物馆，建筑风格为古典式四合院，共设青铜陶器、定窑瓷器和石刻造像三个展室，展出文物精品200多件。北岳庙规模宏大，南北长542米，东西宽321米，总面积173982平方米，其中建筑面积380万平方米。建筑布局呈田字形，采用以中轴线为主两相对称的古典建筑形式。在南北中轴线上，自南而北，现存古建筑主要有德宁殿、飞石殿遗址、御香亭、凌霄门和山门等。馆内门柱上均刻有书法名人题写的楹联。

据史学家考证，五岳制度始于汉武帝，汉宣帝确定以今河南的嵩山为中岳，山东的泰山为东岳，陕西的华山为西岳，安徽的天柱山为南岳，河北的恒山为北岳。其后又改今湖南的衡山为南岳，隋以后遂成定制。从西汉到金元明初，历代史书都明确记载恒山在曲阳县西北，主峰大茂山，又名神仙山（在今河北省阜平县东北缘、唐县西北缘）。明末改封浑源玄武山为恒山，清顺治十七年（1660年）移祀浑源。

· 三霄圣母庙

借天时地利之便，历史上大茂山曾经修建过许多庙宇，其中最高处太乙峰顶上仍然保存有奶奶庙（三霄圣母庙），且香火不断。

· 大茂山冰瀑

大茂山植被茂密，峡谷和峭壁之上响泉飞瀑，飞流直下，到冬天形成冰瀑，经久不化，春天形成鲜花与冰瀑同在的美丽景观。

大茂山冰瀑和杜鹃

·导览图、行车路线

1.自驾路线：保阜高速行驶至曲阳收费站驶出，行驶 1.3 千米后左转进入 241 省道，行驶 13.6 千米左转进入 163 乡道，在

163 乡道行驶 28.2 千米后可到达大茂山景区附近。

2.公交路线：唐县麻黄头站可乘坐大茂山班车，每天定点、定时、定班双向对发，从此上车，经过 6 站到达大茂山。

第十八章

狼牙山
郎山竞秀

　　狼牙山属太行山脉五台山的一个支脉，坐落于河北省保定市易县城西南方向 45 千米处，素有"五坨三十六峰"之称，主峰莲花峰海拔 1105 米。狼牙山因山形似锯齿狼牙而得名。狼牙山原名郎山，因汉武帝时太子刘据之子为躲避"巫蛊之狱"避难于此而驰名。

　　狼牙山群峰林立，峭壁千仞，状似狼牙，峥嵘险峻，巍峨壮丽。狼牙山还是生态名山，绿色天然氧吧。森林覆盖率达

80%，山上的树木种类丰富，风光旖旎，"郎山竞秀"为古易州十景之一。狼牙山主要的风景名胜有莲花峰、棋盘坨、石棋盘、蚕姑坨、老君堂、迷魂谷、燕王仙台、狼牙山五勇士陈列馆、狼牙山五勇士纪念塔、红玛瑙溶洞、石家统村等。莲花峰是狼牙山的主峰，也是狼牙山风景名胜的游览中心。

狼牙山因五勇士的故事在中国家喻户晓。"风萧萧兮易水寒，英雄五勇士威震狼牙山"，五勇士的英勇之举使狼牙山成为英雄山。1941年9月25日，马宝玉、胡德林、胡福才、葛振林、宋学义五名战士为掩护主力部队转移，故意将日军引向了相反的方向，在棋盘坨上与日军展开激战，最后弹尽粮绝。这五位英雄在班长马宝玉的带领下纵身跳下万丈悬崖，用生命和鲜血谱写出一首气吞山河的壮丽诗篇。70多年来，狼牙山五勇士的故事中所表现出来的英雄主义和爱国主义精神激励了好几代人。每年9月25日为五勇士跳崖纪念日，狼牙山免费对公众开放。1993年，狼牙山被河北省人民政府命名为爱国主义教育基地。2001年，建成300多平方米的五勇士陈列馆，杨成武将军题写了馆名。2017年，狼牙山被列为国家红色旅游经典景区。"壮士英名垂千古，狼牙名山育后人。"

· 莲花峰

　　莲花峰（又名大莲花瓣）为狼牙山的主峰，位于狼牙山的西部，其海拔1105米。西、北两面峭壁千仞，东、南两面略为低缓。狼牙山的东部为蚕姑坨，狼牙山的西部有棋盘坨，棋盘坨与蚕姑坨之间的北部为老君堂，上述三峰各有一条羊肠小路通往山峰。登莲花峰顶，可以眺望狼牙山的千峰万岭，此起彼伏。莲花峰的西侧，山林耸立，大小莲花峰若出水芙蓉，傲然怒放，云雾缭绕，变幻莫测。

·棋盘坨

棋盘坨是狼牙山的主峰之一，坨底部有西水寨。棋盘坨的西侧与南侧相邻峨眉山与众军山，皆为古战场。

民国《易县志稿》中记载："棋盘坨在易县西南九十五里，郎山（老君堂所在的褡裢峰）之西，高数里，四周高峰，一径可入，上有石棋盘，又有三池，清泉不竭。"棋盘坨海拔985米，在棋盘坨的山顶，有一块巨大而平坦的岩石，岩石上刻画着线条，很像棋盘，取名"棋盘坨"。当年抗战时期，晋察冀军区的五位英雄（马宝玉、葛振林、宋学义、胡德林、胡福才），在棋盘坨这里用生命和鲜血谱写出一首气吞山河的壮丽诗篇。在狼牙山棋盘坨上，有一处古庙，这就是闻名于方圆百里的老君堂，传说是太上老君炼丹的地方，自古以来，这里流传着很多动人的故事。根据文献记载，棋盘坨早在明天启年间（1621~1627年）就有道教的建筑，清乾隆元年重修。清末时期，棋盘坨还存有54间道教殿堂庙房。据专家考察，老君堂原有的石基规模宏大，而遗址上现存的建筑可能是民间信士所为，并不是当年的风貌。

我国许多景区相继建了不少的玻璃栈道。狼牙山的玻璃栈道和观景台位于狼牙山景区的棋盘坨峰顶、五勇士纪念塔北侧。玻璃观景平台建在450米的深谷上，平台面积为466平方米，可容纳200余人在此观赏狼牙山的壮景。

· 蚕姑祠

蚕姑祠俗称蚕姑圣母庙，位于蚕姑坨上，从西山北村出发向北登山，经过南天，到达蜡烛峰，顺着蚕姑坨一直向上走就到了。据《史记·五帝本纪》记载："黄帝居轩辕之丘，而娶于西陵之女，是为嫘祖。嫘祖为黄帝正妃，生二子，其后皆有天下。"根据史料记载，嫘祖是黄帝正妃，嫘祖发明了养蚕缫丝以及织锦染五色衣裳的技术。因她教民养蚕缫丝，所以被称为蚕姑圣母。蚕姑坨原有蚕姑殿、天王殿、玉皇庙、三官庙等四十余间庙殿。蚕姑殿位于灵峰院内，灵峰院的规模很大，院内的石井长年不竭。蚕姑殿香火鼎盛，五湖四海的香客都来此烧香拜佛。

· 老君堂

　　老君堂曾是汉武帝太子刘据之子的避难处，位于狼牙山棋盘坨的半山腰上，依天然的山洞修建，因老君堂建在悬崖上，地势险要，所以又被世人称为悬空寺。传说老君堂是太上老君炼丹的地方，从古至今，老君堂一直流传着许多传说故事。战国时期，燕昭王英明神武，燕国繁荣兴盛，随后燕昭王开始骄傲自大，并幻想自己可以长生不老，燕昭王的手下阿谀奉承，煽动燕昭王炼不老仙丹，以求长生不老。燕昭王却信以为真，派人寻找炼丹的好地方，最终选定狼牙山。当时，燕昭王拜坛的地方就是老君堂。抗日战争时期八路军与日军在狼牙山激战，一分区一团七连掩护大部队与大部队转移的指挥部就设在老君堂，用来指挥棋盘坨及老君堂附近抵抗日军的八路军部队。

· 狼牙山五勇士陈列馆

狼牙山五勇士陈列馆于2001年建成，由杨成武将军亲笔题名。陈列馆建筑面积300平方米，馆内由图片展厅、历史资料展厅、抗战物品展厅和战斗场景再现展厅组成，形象地再现了我国抗日军民在党的领导下，抗击日军，保卫祖国的英勇行为以及悲壮历史，进一步地记录了当时日军在狼牙山根据地犯下的不可饶恕的滔天罪行。每年的"七一""十一"期间，老八路、老党员在陈列馆做专题报告，来此接受爱国教育的学生、党员、军人以及爱国人士络绎不绝，从而勇士陈列馆成为爱国教育基地的又一革命传统教育场所。

· 狼牙山五勇士纪念塔

　　1941 年 9 月 25 日，马宝玉、胡德林、胡福才、葛振林和宋学义五名战士为掩护主力部队转移，被日寇逼到狼牙山顶峰，最后弹尽路绝，跳下了悬崖，谱写了一篇惊天地泣鬼神的壮士悲歌，这就是著名的狼牙山五勇士。五勇士跳崖后，马宝玉、胡德林、胡福才为国捐躯，壮烈牺牲；葛振林、宋学义被悬崖上的树枝挂住而得救。1942 年 1 月，晋察冀一分区决定，在棋盘坨顶峰五勇士跳崖处修建纪念塔。在当地政府的大力支持和建筑民工的艰苦努力下，三层高的纪念塔于 1942 年 9 月建成基底。纪念塔的修建鼓舞了革命人民的抗日决心，同时也招来了日军的仇恨，日军时刻想摧毁纪念塔。1943 年 9 月，在一次日军的"大扫荡"中，刚修建的纪念塔基地遭到了日军大炮的轰炸而被毁。1959 年，易县人民为纪念五勇士跳崖的英勇行为，重修了壮士纪念塔，由聂荣臻亲自题写了"狼牙山五勇士纪念塔"的塔名。1986 年，再次重修狼牙山五勇士纪念塔。纪念塔全部由钢筋混凝土铸成，整塔成乳黄色，整体占地 69 平方米，基地直径达 3.06 米，塔高 21.5 米，整个塔身分为五层，整体呈五边形，塔底镶嵌了狼牙山五勇士的浮雕像。塔身的正面嵌有聂荣臻题写的"狼牙山五勇士纪念塔"九个金色的大字。塔顶设凉亭式黄琉璃瓦塔帽。纪念塔的东侧有一碑廊，碑廊的最东端有一碑亭，碑亭上刻有彭真、聂荣臻、杨成武、刘澜涛、陈正湘、史进前等 12 位领导人的题词。

· 红玛瑙溶洞

红玛瑙溶洞位于西天门景点附近，红玛瑙溶洞是 16 亿年前天然形成的自然景观，直到 1992 年才被东西水村的三个村民发现。溶洞通高 90 米，宽 50 米，是狼牙山至今为止发现的最大一处溶洞。溶洞内由外向里分为五层。第一层为 30 米竖井，四壁陡峭。第二层的溶石造型栩栩如生，千姿百态，鬼斧神工，有的如观音打坐，有的如同蜿蜒盘旋的巨龙，有的如盛开的白莲花，有的如后羿

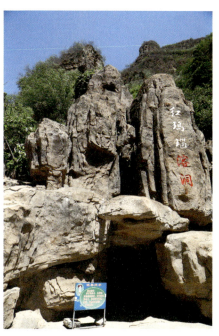

射日。最为特别的是一个形似花瓶的石柱，上下两头细，中间粗，石柱上的乳石形状好似菊花，就像镶刻在花瓶上的图案。向下进入溶

洞的第三层和第四层，这两层多为乳白色和深黄色的钟乳石，形状千奇百怪，仪态万方。洞

内有一海马化石，年代还未得到考证。溶洞的第五层有一个河道，常年细水长流。

· 狼牙山登山节

为弘扬爱国主义精神，纪念狼牙山五勇士，从2000年开始，经常举办"狼牙山登山节"，开展群众性登山活动。

· 导览图、行车路线

狼牙山导览图

1.自驾路线：沿荣乌高速驶至狼牙山收费站驶出，行驶240米左转继续行驶2.2千米后右转进入狼牙山南路，行驶5.1千米后向左前方行驶进入狼牙山北路，行驶1.4千米可到达狼牙山景区附近。

2.公交路线：在易县汽车站乘坐681路公交车（易县汽车站至客运中心方向），经过29站，到达钟家店站，在达钟家店站乘坐613路公交车（客运中心候车厅A区至石家统村方向），经过10站，到达石家统村站下车，步行约3.3千米，可到达狼牙山景区。在易县汽车站乘坐班车(易县——狼牙山)，到石家统村站下车，步行约3.3千米，可到达狼牙山景区。

第十九章

百草坨（天生桥）

华北最大瀑布群

　　百草坨位于阜平县西部，距保定市170千米，面积56平方千米，是集森林、瀑布、高山草甸、古长城于一体的生态自然景区。百草坨主峰海拔2144.5米。由于地处多条河流源沟之上，加之山形陡峭，水流经过形成大大小小30多条瀑布，成为我国北方最大的瀑布群。其中位于朱家营的天生桥有九级瀑布，是主要瀑布群景区。加之特殊的地质构造，2001年被国土资源部命名为国家地质公园。

　　天生桥风景区早在28亿年前是一片汪洋大海，在海水中沉积了厚达8000至10000米的泥质、铁质沙和灰泥等沉积物。28亿年前的阜平地质运动使原来沉积的岩层发生了褶皱和变质，形成了深度变质岩和混合岩，地壳上升为陆地。随后由于地壳的

多次上升和下降，海水进退频繁，直到距今4.4亿年，阜平地区与整个华北一起上升为陆地。喜马拉雅山和新构造运动阶段，本区受到印度板块向北挤压、强烈隆升及断块运动，使域内奇峰耸峙，怪石嶙峋，峡深谷幽，溪清瀑高，秀木森森，花草芬芳，形成了中国最大的变质岩天生桥和北方最大的瀑布群两大地质奇观。天生桥距今28亿至29亿年，由山谷瀑流沿裂隙冲蚀岩石造成岩石下部崩塌而上部形成桥面。桥面由伟晶岩构成，比较坚硬，微呈拱形。天生桥坐落在落差112米的瑶台大瀑布之上，横跨瀑布南北两端，十分壮观，桥长27米，宽13米，高13米。天生桥的地势十分险峻，从桥上俯视，是百丈深渊，令人生畏。奔腾的瀑布，呼啸着从桥下飞泻，形成百米瀑布，气势磅礴，瑰丽壮观。天生桥上方有一高60米的瀑布。登上天生桥，钻进瀑布的后面，又是一番绝妙的景色，白云蓝天，青山绿水，百花吐艳。天生桥瀑布在不同季节有不同景观：夏天丰水季节，瀑布咆哮从天而降，势如闪电，声如雷鸣，惊天动地，响彻山谷。春秋枯水季节，流水潺潺，撒珠抛玉，声韵清脆，如同琴声悠扬，瀑布银花飞溅，有的像喷洒的玉帘，有的如月笼轻纱。每当山风袭来，带过阵阵的"蒙蒙细雨"，在阳光的照射下，炫若彩虹，晶亮如玉，水雾飘拂，清新舒适，仿佛在雨露中沐浴。冬季又是另一番奇观，冰瀑、冰帘、冰幔犹如巨幅白绫垂挂，玉柳垂荫，瑰丽夺目，透明的"冰钟乳石"相聚丛生，如同冰莲含苞待放。

天生桥与百草坨相连的自然景观有高山草甸、原始次生林、笔架山、砚旺崖、将军石、十里画廊、冰川遗迹。其中辽道背—百草坨自然保护区有6000亩（400公顷）落叶松林和7万亩（4667公顷）以白桦、红桦、山榆为主的乔木林。到了高山草甸，更是百花百草百药，美不胜收。

· 天生桥

　　"天生桥"的名称来源于在山谷之上由自然功力形成一座桥梁。天生桥位于百草坨相连的山谷中，是我国首次发现的片麻岩天桥，桥形成于距今 28 亿至 29 亿年。

河北名山

Famous mountains in Hebei

天生桥
瀑布群

·导览图、行车路线

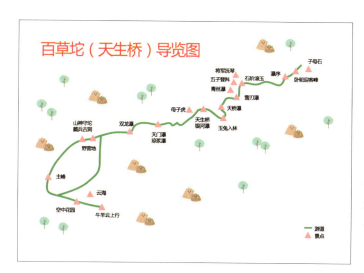

百草坨（天生桥）导览图

自驾路线：沿保阜高速行驶到东下关收费站出口驶出，继续行驶2.5千米向右前方行驶进入天生桥路，行驶10.1千米左转进入望京路，继续行驶11.7千米可到达百草坨（天生桥）景区附近。

第二十章

野三坡

世界地质公园

野三坡位于京畿之南的河北省涞水县，是京津地区最大的风景区，国家 5A 级旅游风景区，1988 年被评为国家级风景名胜区。野三坡地处中国北方两大山脉（太行山脉和燕山山脉）交汇处，其主峰百草畔海拔 1983 米。巍巍太行从这里沿冀晋豫逶迤千里，莽莽燕山从这里延绵京津冀至渤海之滨。野三坡有号称天下第一峡的百里峡，有华北地区最大的石刻群龙门天关，有天下奇洞鱼谷洞。野三坡是中国北方极为罕见的融雄山碧水、奇峡怪泉、文物古迹、名树古寺于一身的风景名胜区，总面积达 498.5 平方千米。它以"雄、险、奇、幽"的自然景观和古老的历史文物，享有世外桃源之美誉。

野三坡是地形地貌较全的国家地质公园，也是世界地质公园。地质遗址具有典型性、稀有性、系统性，是华北板块内造山带的典型代表。野三坡保存着完整的地质遗址，各类不整合面清晰，侵入岩、火山岩、沉积岩、变质岩等各类岩石遗迹齐全，异常发育的构造节理、断层、褶皱等构造遗迹突出，山地夷平面、河流阶地各种拟态等地貌遗迹丰富多彩。野三坡是一部生动的地质教科书，是一座天然地质博物馆，浓缩了华北 30 亿年来地质构造的演化史，是专家学者研究全球构造和板内造山带的最佳区域，是学生教学实习的理想基地，是地质科普教育的生动课堂。

野三坡复杂多样性的地质构造，铸就山、水、峡的多样景

观，主要景区有山岳型景区百草畔。百草畔为京南主峰，被誉为绿色明珠，负氧离子含量为北京的 100 多倍，是难得的天然氧吧。百草畔为三山之峰，登百草畔可一览三山（太行山、恒山、燕山），登上 1900 多米的山巅，众山尽收眼底。百草畔森林茂密，溪流淙淙，6 月可见冰川，还可欣赏蚂蚁岭、风动石等绝景。

如果看水，可下山到拒马河漂流。拒马河流经野三坡 35 千米，两岸群峰崛立，怪石峥嵘，河水潺潺，清可照人。其水质优良，清澈见底，常年不枯，冬季不结冰。景区内有"沙蟒拦路""石猴戏水""石门顿开""天桥拱立""悬崖栈道""孩童闹学"等"下庄八景"。游人既可中流泛舟，饱览山光水色，亦可击水畅游，领略大自然的情趣。洁白松软的沙丘是沙浴、日光浴的理想场地。拒马河与四周景点浑然一体，是休闲、娱乐、避暑的最佳选择。

看关隘，有龙门天关。自古以来，这里是京都通往塞外的交通要道和兵家必争之地，金、明、清各代都把此地视为军事要塞，派重兵把守。景区内有明代大龙城堡、蔡村庵长城和华北地区最大的金明清历代摩崖石刻 30 余处。其中明清时期摩崖石刻群被誉为华北地区最大的"历史文化长廊"。

在山下，冬季还有规模宏大的野三坡滑雪场。

·百里峡

　　野三坡最具特色的景区是号称"天下第一峡"的百里峡。景区位于河北省涞水县野三坡镇苟各庄村，全长 52.5 千米。百里峡总共由三条峡谷组成。第一条峡谷被称为蝎子沟，全长 12.5 千米，在景区入口处有一"仙官引路"景点将游人引进蝎子沟，因沟中遍生蝎子草得名，该草形好似

海棠峪

幼桑，如肌肤触动其叶，顿觉疼痛难忍，但少时即愈。蝎子沟内有"龙潭得映月""摩耳崖""铁锁崖"等壮景。中间一条峡谷为海棠峪，因沟内

遍布海棠花而得名,全长 17.5 千米,此处翠壁兀立,重峦万仞,直插云天,令人望而生畏。沿沟游览,奇险的"老虎嘴"、狭窄的"一线天"、惟妙惟肖的"回首观音"以及规模宏大的"下天桥"和"上天桥"等奇绝景观使游人目不暇接。每逢仲夏时节,野生海棠花开满山峡,清香四溢。最后一条峡谷被称作十悬峡,因沟内分布着数十处弧形的悬崖而得名,全长 22.5 千米。进入峡谷,"抻牛湖"瀑布、灵芝山"水帘洞"、弧形悬崖形成的"不见天"、令人费解的"怪峰"、峭崖剔透的"雄狮出世"千奇百怪,令人百看不厌。峡谷之间有一天梯,天梯共 2800 阶,全长 1200 米,相对高度 270 米。天梯是连接海棠峪峡谷与十悬崖峡谷的山路。

一线天

百里峡可以称得上是"百里一线天",只不过宽窄程度不同,最宽可达十几米,最窄只不过 0.83 米,这里悬崖峭壁,雄险惊心,窄涧幽谷,天光一线,真有一种"双崖依天立,万仞从地劈"的意境,如此狭窄的峡谷是怎样

一线天

形成的呢? 这主要是由于岩层中发育了宏大的垂直的构造裂隙(节理),经物理风化,岩层就顺着这些节理垮塌,间歇性洪水冲刷谷底且侵蚀两壁,使垂直地面的裂隙不断扩张形成十分狭窄的峡谷,"一线天"就是峡谷形成

金线悬针

的初期阶段。山体上这一突出的形如蟒蛇的巨石,便是燧石,由于此石含有大量的二氧化碳,故硬度较强,等同于石英,一般不易风化。而白云岩硬度为 3,极易风化,所以我们看到的燧石一般比白云岩突出。

金线悬针

峡谷内山体之间有一条垂直的裂隙,好似一条线,下面有一圆孔,好比是一枚针的针眼,再往下看就是针的主体。一条线倒悬着一枚针,因为每年夏至时节正午时分,太阳直射下来,形成一条金线,故称"金线悬

针"。峡谷中南北方向的裂隙，原来是沿着峡谷延伸的，当峡谷突然转变时，原有的裂隙继续向南延伸，因此在岩壁上留下了这样的一条大而垂直的裂隙。

回首观音

走在峡谷中，回头看一下，在侧山壁上有一尊"观音"石雕，栩栩如生，惟妙惟肖。这完全是大自然的杰作。主要是由于岩层中发育了多组垂直裂隙，垮塌后形成岩柱，经球状风化和物理风化形成观音的头和脖子，因为走到这里我们必须回头才能

回首观音

一睹观音的芳容，故称其为"回首观音"，在这里我们可以双手合十，虔诚地拜一拜观音。

"回首拜观音，万事皆顺心。上山饮虎泉，益寿又延年。"拜过观音，上一平台，见有两眼泉水。传说这里是山上老虎来饮水的地方，所以叫它"虎泉"。此泉实为裂隙泉，岩层中发育了许多裂隙，裂隙水便向下汇聚，遇到下面的不透水岩层阻挡，水就不会再渗透下去，便汇集到这里

抻牛湖

形成了"虎泉"。这儿的泉水冬季不结冰，夏季清爽宜人，并且富含许多对人体有益的矿物质，如锌、锡、铁等。但山里的水一般情况下较硬，大家饮用时一定要注意，稍稍品尝一下就可以了。

抻牛湖

相传有一年，野三坡大旱，拒马河断流，只有抻牛湖有水，但一头野牛精霸占了这个地方，不让这里的人们到这里喝水，民怨沸腾。玉皇大帝知道这件事后便派一条长须鲇鱼精下凡，偷偷地潜入水底，等野牛精到此喝水之际，用两根长须抻住牛角，把它拽进湖里淹死了，于是这个湖就叫作"抻牛湖"了。抻牛是传说，但它独特的造型却是真实存在的，这主要是在上百万年间，由山间流水的长期冲刷、侵蚀以及涡流的掏蚀作用而形成的。

百草畔森林游览区

百草畔森林公园是野三坡名胜区的六大景区之一，位于河北省涞水县西北部，其主峰海拔 1983 米，为北京周边四大制高点之一，正处于太行山与燕山的交界处，森林覆盖率达 76% 以上，素有"绿色明珠"之美誉。百

草畔森林公园属于以森林景观为主的山岳型森林公园，地形地貌复杂多样，山势刚劲挺拔，林木茂密，遮天蔽日，花草丰盛，异石林立，山泉甘洌；野生动物种类繁多，自然生态系统保存完好。一年四季，异彩纷呈，景色随季节更替而变幻。春季紫丁香、野玫瑰、杜鹃花次第绽放，漫山遍野，争奇斗艳，清香扑鼻，沁人心脾；夏季枝繁叶茂，郁郁葱葱；秋季，层林尽染，姹紫嫣红；冬季银装素裹，分外妖娆。登石城岭可观日出，赏云海，探蚂蚁岭上的红蚁巢穴，听风动石畔的松涛，赏千亩杜鹃，游万亩林海，野趣十足。

鱼谷洞

鱼谷洞风景区是野三坡七大风景区之一。鱼谷洞深约 1800 米，总共分为五层，层层有景，景景奇特，洞中有洞，洞洞相连。洞内类似石人、石马的钟乳石和千奇百怪的石幔雕像，别有洞天。其

南侧的鱼谷洞泉甘洌清凉，长年涌水不息，水中富含多种有益于人体的矿物质和微量元素，是难得的天然矿泉水。每逢农历谷雨前后，泉洞就会不断地向外喷鱼，成为千古之谜。该泉成为世界"八大怪泉"之一，被列为世界奇闻。洞底沉积大量泥土，为鱼谷洞增添一大旅游特色，罕见逼真，地质奇特，石花、云盆、鹅管、地质遗迹等景观是大自然赋予人类的杰出作品，各种不同时期的洞穴沉积物令人叹为观止。

· 龙门天关景区

　　龙门天关景区位于野三坡风景名胜区内，集自然、历史、民俗文化于一体。景区内有明代大龙门城堡、蔡树庵长城和华北地区最大的金、明、清历代摩崖石刻30余处。其中明清摩崖石刻群被誉为华北地区最大的"历史文化长廊"。

　　龙门天关景区，山地山峰挺拔，断崖绝壁高耸入云，山谷中清泉溪流激浪奔腾，景色尤为壮观。自古以来，这里是京都通往塞外的交通要道和兵家必争之地，金、明、清各代都把此地视为军事要塞，派重兵把守。景区有许多文物名胜遗留至今，现有的"大龙门城堡""蔡树庵长城""摩崖石刻"等都是河北省重点文物保护单位。上天沟景色似天庭仙境，沟内九条瀑布飞流直下，天梯瀑落差达40米，气势磅礴，十八潭清泉恰似珍珠镶嵌其中，万亩原始次生林郁郁葱葱，动植物资源异常丰富。步入上天沟，山泉溪水、古树磐石和悬空栈道相继映入眼帘，如入仙境。大龙门城堡原是明长城"内边"上的重要关隘，被誉为"疆域咽喉"。此地三峰品立，形式如门，原是京都通往塞外的通道和兵家必争之地。

·导览图、行车路线

1. 自驾路线：沿首都环线高速行驶到百里峡收费站出口驶出，行驶 150 米左转进入百里峡大道，行驶 8.3 千米后直行进入 104 乡道，继续行驶 4.6 千米可到达野三坡风景区附近。

2. 公交路线：在涞水县汽车站，可乘坐到野三坡或百里峡的小型巴士。

野三坡导览图

龙门天关景区
金华山
摩崖石刻
清禅寺
上天沟
百草畔景区
大龙门古堡
北边坡
万年古泉
各马庄
风动石
鱼谷洞
原始次生林
蓬头村
鱼谷泉
金三角
汉代城堡
印象野三坡
十渡
百里峡景区
拒马河景区
望京坨

— 溪道
▲ 景点

第二十一章

抱犊寨

　　抱犊寨，旧名抱犊山，为"天下奇寨""抱犊福地"。位于河北省石家庄鹿泉区西郊，距省会石家庄 16 千米，距首都北京 288 千米，是一处集历史人文和自然风光为一体的名山古寨，是国家 4A 级旅游区。它东邻华北平原，西接太行群峰，一峰突起，峥嵘雄秀，四周皆是悬崖绝壁，远望犹如巨佛仰卧，眉目毕肖，其山顶平旷坦夷，有良田沃土 660 亩（44 公顷），土层深达 66 米，异境别开，草木繁茂，恍如世外桃源。

抱犊寨古时称为萆山，即汉将韩信伐赵之战中，令军卒"人持一旗帜，从间道萆山而望赵军"的地方。"抱犊"之名，据说在北魏葛荣起义时，当地人为避战乱，抱犊上山，因此才有了"抱犊"之名。山的四面都是峭壁，山路很险，而山顶上又有600多亩（40多公顷）耕地，所以民间又有"抱犊（小牛）上山，养大耕田"的说法。而实际上早于北魏，作于两晋时期的《玉匮》中，即有"抱犊山"的记载。"抱犊"与"寨"相连，是在金末元初时，金将武仙在山顶屯兵建寨，抗击蒙古军队，这样此山便有了"寨"的名称。

抱犊寨，山势巍然，仅南北坡各有一条羊肠小道可通。登至山巅，豁然开朗，建有目前全国最大的山顶门坊——南天门，全国最大的金漆壁画装饰的韩信祠以及长城寨墙等。新开辟的"西苑—莲花山—抱犊寨"客运索道全长1800多米，为国内唯一设有中转站而没有中间塔的全封闭往返式客运索道，最高悬空271米，成为抱犊寨的一大景观。抱犊寨山势陡峻，悬崖绝壁高高耸立，但它的山顶却平旷坦夷，草木繁茂。有人说它好像一只高高托起的花盆，是太行山上一方波涌泛绿的天池，所以，抱犊寨又有"山顶园林"之称。抱犊寨以其特有的风格突兀于群山之中，形成了很多自然奇观。步行登山，景影相随，可细细游览观赏；如果舍步行而登缆车，则可居高望远，俯瞰抱犊寨那奇特的山形全貌。

抱犊之美，美在自然风光。早在明代，"抱犊晴岚"就被列为获鹿八景之首；近年又被评为石家庄十景之冠。奇泉、飞瀑、古洞、幽境、山光、雾态、朝晖、夕照，构成了抱犊寨如诗如画的自然景色。如著名的"抱犊晴岚"，每当曙色初开或初雨新霁之后，或烟缭雾绕，岚气氤氲；或碧天如洗，丹崖凝辉；或云涛无际，簇翠飞红；如天开图画，美不胜收。再如山阴十八池，又称十八泉，一洞幽深，杳不可测，清泉涌出，涓涓不竭。夏秋季节，泉水骤增，奔腾而下，落为飞瀑，声闻数里；冬日则细水恒流，层层冻结，形成如玉之冰瀑，春来不化。最令人称奇的是，每当山雨欲来，此洞先出缕缕云烟，令人称奇。

· 南天门

南天门，高 13.9 米，宽 23 米，辟有三个拱门，工程浩大，气势磅礴，在全国山顶门庭建筑中极为少见。38 墩斗拱承托着金顶，交错重叠，每墩斗拱由七层十四件组成，轮廓变化丰富多彩。八个飞檐翘角，每个角由三十三个插飞组成，将南天门点缀得古朴典雅，气势非凡。四根红色的门柱，每根直径 1 米，高 9 米，有力地支撑着南天门。两旁高达三米的铜铸金狮，双目圆瞪，威风凛凛，守护着南天门。和谐的色彩组合，使它远看像牌坊，近看却是门楼。

传说，汉将韩信，率领三万将士讨伐赵国，欲屯兵抱犊寨，可是登上寨顶后，怎么也找不到进寨的门口，真是进山无路，入寨无门。正在束手无策之时，忽然，天空一道白光闪过。一位白发老者出现在众将士面前。只见老者将宝剑一挥。眼前便出现了一座天门。原来，是玉皇大帝被正义之师所感动，特派山神来为将士们引路的。进入南天门，众将眼前豁然开朗，只见寨顶犹如平地，庙宇殿堂错落有致，天池里荷花倒影，波光粼粼，眺望远方，群山苍翠，郁郁葱葱，周围的群山像一条条巨龙尽情舞动。

据山上碑文记载，南天门始建于明朝。这次重建，工程浩大，单门顶部的斗拱就用了一级红 40 余立方。站在南天门举目远眺，令人心胸开阔。东望，莲花峰、海螺峰近在脚下，看远处便是广阔无垠的华北平原，在这高山峻岭之巅，如此宏伟的门可称得上"天下第一门"。

· 千龙壁

　　华夏第一龙壁——千龙壁位于寨顶核心区，龙壁长 38 米，高 13 米，厚 1.2 米，全部由传统琉璃构件组成，共有大小各式龙的雕塑 999 条，故称千龙壁。其中壁的正面主龙有九条。壁的东西两端各有一直径 1.5 米的华表式蟠龙柱。壁的背面是用琉璃构件组成的"抱犊福地"四个大字，由全国人大常委会原副委员长卢嘉锡题写。

·万佛洞

　　万佛洞洞长110米，高约3米，横向最宽约为7米，最窄3.8米。洞中佛像采用浮雕的形式，以山体自然青石雕刻，包括释迦牟尼、弥勒佛、观音，共计10088尊。洞中石佛形态多样，以释迦牟尼像居多，其中包含一尊长5米、高2米的释迦牟尼卧佛像。

·罗汉堂

　　罗汉堂位于千龙壁之后，是充分利用寨顶土层厚的特点修建的规模宏大的地下佛教殿堂。其中的五百罗汉像，全部由曲阳的工匠用鹿泉的青石精雕细琢而成。每尊罗汉均为真人大小，重约一吨。五百罗汉阵容庞大，布局紧密合理，气势恢宏。

·导览图、行车路线

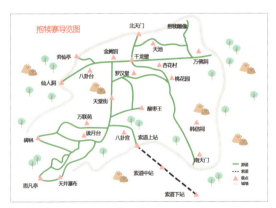

1. 自驾路线：在京昆高速行驶到鹿泉收费站出口驶出，行驶150米后右转进入北斗东路，行驶6.5千米进入环岛，在第二个出口驶出进入观景大街，行驶470米后右转进入太平河北岸，继续行驶500米可到达抱犊寨景区附近。

2. 公交路线：在石家庄新百广场（西）乘坐旅游5路公交车（新百广场西至东土门方向），经过24站到达抱犊寨站。

156

第二十二章

苍岩山

五岳奇秀揽一山　太行群峰唯苍岩

　　"五岳奇秀揽一山，太行群峰唯苍岩。"苍岩山位于河北省石家庄市西南 50 千米的井陉县境内，景区总面积达 63 平方千米，海拔 1039.6 米 。苍岩山景观丰富多彩，鬼斧神工，怪石兀立，深涧幽谷，古树名木，清泉碧湖，构成了别具一格的自然景观。苍岩山是历史悠久的佛教圣地，千年古刹福庆寺建于 1400 年前的隋代初期，以悠久的历史和卓越的建筑艺术构成奇异壮观的人文之美。山上主要建筑有书院、万仙堂、桥楼殿、大佛殿、藏经楼、公主祠、碑亭等。所有建筑依山就势，小巧玲珑，或建于断岩，或跨于险壁，宏伟壮观。

据《隋书》记载，隋炀帝女儿南阳公主曾在此出家为尼，度过了62个春秋。正是这位坚强的女子，在当时兵荒马乱、人人自危、民生艰窘的时代，面对悬崖峭壁，荆棘丛生，开山辟路，并在两峰对峙的绝壁之上建造桥楼寺庙，难度可想而知。但就是因为她那向佛的念头一闪，便如金子般珍贵，震惊十方世界，不仅丘尼从者云集，当地百姓也积极响应。作为苍岩山的开山祖师，南阳公主无疑是位修行、持戒、忍辱、坚韧、精进、安禅、睿智所熏修的伟大女性，她为寺院取名为"兴善寺"，意在救苦救难，普度众生。当地百姓感念其恩德，为她建庙修塔，塑化金身，尊奉她为"苍山圣母"。

苍岩山有"三绝"，桥楼殿、白檀树和古柏朝圣。

· 苍岩山一绝——桥楼殿

桥楼殿是我国三大悬空寺之一（其他两座是山西恒山的悬空寺和青海北山的北禅寺）。从苍岩山的山门向上攀爬，在对峙的断崖之间横跨一座长15米、宽9米、深约70米的单孔石拱桥，形状如同赵州桥敞肩拱式，桥楼殿就坐落在桥上。桥楼殿是二层重檐楼阁式建筑，金色琉璃瓦顶和朱红色宏伟的殿堂建于两个绝壁的石桥上，似空中楼阁，悬空出世，世所罕见。古人曾有诗曰："千丈虹桥望入微，天光云彩共楼飞。"殿内有佛、菩萨、十八罗汉像及壁画。清幽的山涧架立如此精彩的建筑，令人叹为观止。据考证，此桥为隋时所建，先于赵州桥。传说当年鲁班将柴草垛满山涧，搭起桥拱，当地称"柴牛"，一夜修了一座22道拱券的天桥，随即火烧"柴牛"，灰落桥出。鲁班有了这般经验，便领圣旨，胸有成竹地去赵州修赵州桥了。

·苍岩山二绝——白檀树

生长在苍岩山上的白檀树漫山遍野，千姿百态，形状各异，有的似盘龙，有的似卧虎。檀树的树根裸露在外，缠在巨石上，且檀树没皮没心。檀树的树龄大多都在百年以上，其中不乏千年以上的檀树，其树枝向周围延伸数十米，其树干中可以容下一个人。纵横交错的檀树将苍岩山包裹得严实紧密，从远处眺望就好似一片檀林海，遮天蔽日，实为避暑的绝好去处。

·苍岩山三绝——古柏朝圣

在苍岩山的悬崖峭壁上生长着千万棵崖柏、沙柏、香柏，且树龄都超过千年。无论是在石缝中侧长出来还是倒悬在悬崖上长出来的柏树，其生长方向全部朝向南阳公主寺，形成了"古柏朝圣"的奇特景象。

· 福庆寺

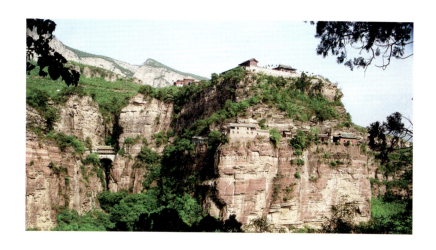

福庆寺原名"兴善寺"，福庆寺的建筑特点与以南北中轴线为主体的传统封闭院落有所不同，也不同于悬空寺等半倚半悬的山间寺庙。它独特的风格，可概括为崖间就势，涧上飞构，即借山势的幽峭，成殿宇的秘奇；天工与人力浑然一体，静中寓动，使佛门的法力和威严以形象的"仙界"展示于人间。无论整体布局，还是主体建筑，都达到了很高的艺术水平。

福庆寺按其整体格局可分为三个层次。其中最下层依次为山门牌楼、山门、钟楼（已不存在）、苍山书院、碑房、戏楼（现存基址）、万仙堂、行宫建筑群（已不存在）以及西南绝谷的三百余级的"云梯"。分外壮观的中层建筑依次为灵官庙、天王殿、桥楼殿、天桥（复道大石桥）、圆觉殿（亦称大佛殿）、中山栈道、僧舍群房、梳妆楼、关帝庙、峰回轩（又名藏经阁）、烟霞山房（阎王殿）、子孙殿、先贤寺、大乘妙法莲花经塔、公主殿、猴王庙（已不存在）、南天门、东天门。上层为公主坟、玉皇殿、塔林。其建筑精华，主要集中在中层。

·菩萨顶

菩萨顶原名观音顶，民间又俗称菩萨庙，始建于明朝万历（1572~1620年）年间，历代皆有重修。现已成为苍岩山规模最大的中心寺庙群。尤其圣母殿坐落于苍山之巅，气势恢宏，蔚为

壮观，另外还有好运桥、许愿树、钟鼓楼、锁心台、爱情石、地下宫等风景，是大家拜佛祈福、观光游览的首选之地，且是通往主峰的唯一通道。

·导览图、行车路线

苍岩山导览图

1. 自驾路线：在京昆高速行驶到秀林收费站出口驶出，行驶100米右转进入202省道，行驶16.9千米向左前方行驶进入061县道，继续行驶8.2千米可到达苍岩山景区附近。

2. 公交路线：在石家庄市内的西王汽车站可乘坐直达苍岩山班车；或从石家庄西王客运站乘坐到井陉县客运站班车，在井陉县客运站转乘到苍岩山的班车。

第二十三章

天桂山

山似北方桂林

天桂山是明末崇祯帝的归隐行宫，也是中国道教名山（也称北武当山），位于河北省平山县西南部北冶乡境内，东起太行山脉，东西绵延数十千米，好似巨龙凌空起舞。主峰黑狗尖海拔1426米。天桂山总面积达132.5平方千米，是我国北方著名的集历史古建筑和自然风光为一体的山岳古刹型风景名胜区。天桂山呈典型的岩溶地貌，融山、泉、林、洞于一体，集雄、险、奇、峻于一身，颇具广西桂林山势之特点，故有"北方桂林"之称。山上著名的人文景点是始建于明末的青龙观道院。

　　道教是中国的本土宗教。道教始于春秋，兴于汉唐，有二千多年历史，到明朝又被封为国教。明朝，从朱元璋开始历代皇帝信奉道教。明成祖朱棣将湖北武当山奉为大岳，兴建九宫九观三十三处庙宇，道教到了鼎盛时期。明朝末期，内忧外患，起义四起，崇祯帝深感大明气数将尽，便令心腹太监林清德携旨出京，选隐秘之地修建行宫，以为将来避难之处。林清德一日来到河北的天桂山，见这里山势险要，风景秀美，于是大兴土木，修建行宫。即将竣工时，李自成攻进北京，崇祯帝吊死于煤山（今北京景山公园）。林清德闻讯，无奈之下只好出家为道士，改行宫为青龙观道院，至今已有三百余年，历经修缮，规模日臻宏大，一度香火鼎盛，成为北方著名的道教圣地，乃至有"北武当"之称。青龙观道院主要包括真武殿、玉皇殿、苍岩殿、老君堂、东岳庙、关帝庙、魁星阁等30余处建筑，庙宇建筑群建于绝壁断崖之上，十分壮观。真武殿作为青龙观的主体建筑，坐落在5米高的石砌台基上，基石上刻有"云集台"三字。台下中空，原来为道士经堂，现在改为太行山书画院。在海拔1054米高的玄武峰建有金顶，金顶分上下两层，一层供奉道教天道之神玉皇大帝，二层供玉清元始天尊、上清灵宝天尊和太清道德天尊三清神像。天桂山金顶与武当、五台、峨眉等金顶齐名。

　　喀斯特地貌形成须有溶蚀力量的水对可溶性岩石进行溶蚀，形成地上地下溶蚀岩石的奇特景观。这一地貌在我国集中于南方，像天桂山这样的喀斯特地貌较为少见。天桂山这种地貌形成的奇峰主要展现在如尖锥状的山顶形态上，多是在海拔1000米左右的古剥蚀面上残留的峰丛，构成了独特的高峰，如黑狗尖海拔1426米，杀九坨海拔1396.7米，猴崖尖海拔1231米等。残留两个峰尖或石柱的奇峰如笔架山。平顶或浑圆状的为坨，如插旗坨海拔981米，关南坨海拔1088米。还有一些造型奇峰，如兽似物，十分逼真，如骆驼岩、鸡冠峰、海拔1040米的阎王鼻子等。怪石是风景区喀斯特地貌的另一奇观，怪石多处于山崖的边缘或者石墙的顶端，有的是山体崩塌残留的石柱或石墩。其造型有的如人似物，有的像兽似禽，有的矗立于危崖，有的藏于崖后，人们根据其形态，给予命名，增添了无限的情趣。

天桂山风景区内的山势多为东西走向，由北向南的山与谷底依次为大天桥——小天桥——插旗垴——三清峰——望海峰等；燕尾沟谷地；杀九坨——翠屏山——草垛山；井子峪——汤汤水瀑布。黑狗尖东南部沿省界延伸的山脊，形成了三山夹两谷的格局，其东部为险溢河谷地。由于山间水沟的发育且对山体的切割和腐蚀，加上断崖崩塌等内外应力的共同作用，造成了山高谷深、地形破碎的特点。天桂山景区内的山体由于阶段性的抬升和长时间的剥蚀，以及岩层多近于水平，在内外应力的共同作用下，形成了典型的崖栈地貌，即陡壁成崖，崖顶盘山狭阶为栈。风景区内较高山峰普遍存在着山栈山崖，以天桂山三清峰为例：一栈海拔 630 米，为山脚处由砂页岩构成的坡梁面；二栈海拔 750 米，即第一层溶洞（如真武洞）、二道灵官所在高度；下临悬崖，形成了山半仙境之境界，沿绝壁西侧节理裂隙开凿的登山"天梯"，是谓险境。山顶剥蚀面为顶栈。

· 青龙观道院

　　青龙观道院属全真道丘祖龙门派，与龙门派的祖庭北京白云观有着深厚的渊源。青龙观道院于纯自然景观中，兼富有皇家园林气派和道家宫观的风采，它有"皇家道院"之称。

·九泉一井

天桂山俗有"九泉一井"之说。汹汹水瀑布的水源来自灵泉，青龙观道院附近有三泉一井，所谓三泉即槐泉、青龙泉和金蟾泉，一井则为明珠井。明珠井古为青龙院饮水井，位于青龙院内，井深不过两米，水量异常充沛，四季不涸，即使是大旱时期明珠井也不会干涸，且井水水质甘冽，饮之沁人肺腑。除此之外，天桂山后山还有济公洞泉、麻地凹的桃花泉、井子峪与庄旺村附近山崖的滴水泉等。

· 回音谷

由于沟谷流水侵蚀，沟头崖壁产生重力崩塌而形成弧形谷，因回音效果极佳，又称"回音谷"。风景区内回音谷有多处，一般崖壁高达40米至80米，弧形直径30米至40米，平时为干谷，雨后成瀑布。比较典型的回音谷有银河洞景区小寨北侧的回音谷、百丈云梯下的葫芦谷、燕尾庄西侧滴翠谷、天桂山苍岩殿东侧的回音壁、后山的"双谷回音"以及险溢河上游清风村南的巨型孤壁等。

· 溶洞

作为喀斯特地貌特征的溶洞，天桂山可谓数不胜数。天桂山溶洞按分布高度有上下两层。上层位于第三栈与顶栈之间，如白毛女洞、三畜洞等。下层发育在第二栈与第三栈山崖之间，如银河洞、仙人洞、悬棺洞、真武洞等。风景区正式命名的溶洞有十几处，其体量大小不等，但共同特点如下：一是溶洞走向多呈溶洞发育时期的水流方向。二是由于长期脱离地下潜水面，洞顶渗水又少，多数洞内碳酸钙淀积景观如钟乳石、石笋不发育，但洞内溶蚀侵蚀地貌景观如涡穴十分典型。三是洞内积水很少，多为枯洞，但有的洞内有大型的岩溶泉，如汩汩水的灵泉。

· 世界最大的汉字

世界最大的汉字"歸"（归），高99.71米、宽49.1米。
1997年香港回归，在百丈悬崖上所刻。

· 导览图、行车路线

天桂山导览图

1. 自驾路线：西柏坡高速行驶到温塘收费站出口驶出，进入301省道，行驶17.9千米左转进入015县道，行驶12.4千米向右前方行驶进入507乡道，继续行驶8千米可到达天桂山景区附近。

2. 公交路线：石家庄客运北站有直达天桂山景区的班车；或在石家庄客运北站乘坐到平山县城汽车站班车，在平山县汽车站乘坐到天桂山的旅游班车。

第二十四章

驼梁山
看山 看水 看草原

河北名山

Famous mountains in Hebei

驼梁山（又称南坨山）为河北省五大高峰之一，位于河北省平山县北部，以山顶恰似驼峰而得名。主峰海拔2281米，景区总面积22万平方千米。来驼梁可以看山看水看草原。这里有大小山峰十几座，高山峻岭，怪石险峰，奇峡幽谷，林海松涛，石径通天。山中瀑布成群，百瀑齐飞，抛珠撒玉，溪流淙淙，潭水清清。山顶平坦如席，绿草如茵，鲜花盛开，又是一番草原景色。

驼梁山被茂密的原始森林和连绵不断的瀑布所围绕，也构成了景区最具特色的景观。驼梁山号称有百瀑百潭百泉。白龙瀑、飞龙瀑、三叠瀑等近百处形状不一的瀑布纵横交错地穿插在山林中。驼梁山的瀑布密度大，数量多，从峰顶到谷底，一路流泉飞瀑，近百处瀑布往往密集成串，一水多级成瀑，瀑瀑相连，瀑中有瀑，形态各异，神韵俱佳，形成了北方山岳景区中罕见的瀑布群落奇观。从人字瀑开始，就是整个驼梁山景区瀑布最集中、最典型的地带，俗称九瀑十八潭。每当雨季，山中瀑布声不绝于耳，大有万瀑齐飞之势。山中还拥有冰泉、龙泉、马趵泉等数十处清泉。瀑和泉流到低洼处又形成大大小小的潭，到冬季瀑和潭又成为冰雕玉砌的冰瀑冰潭，到五六月份还有山花映冰瀑的奇特景观。这种"一山苍翠，百溪乱渡，万瀑齐飞，百潭争艳"的景色在我国北方实属罕见。

驼梁山拥有 3333.3 公顷的原始森林，呈垂直带状分布，共有植物 102 科、686 种，有 60 余种植物可以入药，20 余种植物和蘑菇、木耳等可食用野菜，10 余种花草可以当茶供人品茗，其中红桦为国家二级珍稀树种。从山谷到山顶分布着白桦、松柏枫树、山杨等树种及灌木草本植物，且到处可见野玫瑰、丁香、菊花、金莲花、杜鹃花、毛金花、山丹花等奇花异卉及黑木耳、野黄花、蘑菇、地皮等山珍野味，还可采到无数种名贵中药材。5 月暮春，杜鹃花披红挂绿；7 月盛夏，百花盛开，争芳斗艳，山顶"五月草甸"之美景令人赞叹。夏季，驼梁山云雾缭绕，山峰好似躲进云海中；秋季，驼梁山被漫山的红叶所覆盖，身临其境，犹如画中；冬季，驼梁山冰川晶莹，银枝素花，景区内飞禽鸣叫，溪水长流。

· 潜龙壁

潜龙壁像腾飞在白色崖壁上的几条飞舞的蛟龙，其龙形花纹由白色石英岩脉构成，这种形象逼真的岩群造型，是在新生代的造山运动中，由青白两种岩浆交错凝固时形成的特有现象。它赋予后人许多原始朴素的艺术想象，有诗赞曰："青岩含白石，千古潜蛟龙。爪舞如临水，尾摇似驭风。吞云时碍月，吐雾时遮星。风雨潇潇夜，听潮天地惊。"

· 夏日冰瀑

冰瀑是驼梁山的奇妙景观，即使是 5 月杜鹃花开，也常见冰瀑相伴。而有的冰瀑甚至高 20 余米，宽 30 余米，最厚处达 10 余米，晶莹夺目，寒气逼人，格外壮观，这些冰瀑全部消融要到每年 6 月中旬，故名"夏日冰瀑"。究其原因：一是此处海拔较高，约 1500 米；二是谷深幽暗，植被茂密，自然形成了一处独立的低温小气候环境；三是冰瀑坚厚，体量巨大，渐融过程较长。在炎炎的季节，是难得一见的天赐珍品。

· 人字瀑

　　人字瀑瀑布落差 4 米，自然分叉成"人"字形，故名人字瀑。除此之外，驼梁山还有五指瀑、飞龙瀑、白龙瀑、三叠瀑等许多千姿百态的瀑布，所以驼梁山有"一山苍翠，万瀑齐飞"之称。所在的这条峡谷，也因此被命名为百瀑峡。驼梁山的瀑布群很有特点，密度大，数量多，从峰顶到谷底，一路流泉飞瀑，近百处瀑布往往密集成串，一水多级成瀑，瀑瀑相连，瀑中有瀑，形态各异，神韵俱佳。

· 马趵泉

马趵泉，是驼梁最高的山泉，也是河北中南部海拔最高的清泉。相传，清康熙六年（1667年），康熙帝到五台山朝圣寻父，途经驼梁"皇城路"（明清时期，驼梁皇城路是五台山通往正定和京城的人马大道）。康熙由于寻父心切，连续几天饮食不佳，夜不成寐，加之旅途疲劳，当走在驼峰的草原花海之时，突然晕倒。在这前无村后无店的大山上，御医及随从都束手无策，便不约而同地双膝跪在皇帝周围，祈求神灵救命。就在这万分危急的时刻，只见龙驹在康熙帝身旁转了几圈之后，到一个花草特别茂盛的地方蹶蹄趵下，只三四蹄，一

股清泉便涌出。还没等人们回过神来，龙驹已用口嚼水喂到皇帝嘴里。不一会儿，康熙帝苏醒过来，精神大振，继续坐上宝骑向峰顶走去。

康熙登上峰顶，呼吸着清新的空气，顿时感到自己与天地融为一体。当他脚踏驼峰、放眼五台山台顶时，不由得想到寻父路途的坎坷和艰辛，便感叹道："驼峰如父，体谅孤君。"康熙为了让人们记住驼梁救过命的泉水，给这眼清泉御赐为"马趵泉"。

· 云顶草原

云顶草原（花海）位于山顶区域，是两条登山路的终点。这里有开阔的高山草甸景观，草甸外围生长着茂密的松林，是拍照的好地方。每到夏季时，草甸上野花遍布，形成一片五彩的花海，非常漂亮。从云顶草原向上步行大约半小时即可到达海拔2281米的驼梁顶峰，这座山峰也是石家庄的最高峰。在云顶远眺，周围的五台山、五岳寨等重峦叠嶂尽收眼底，视野非常开阔。

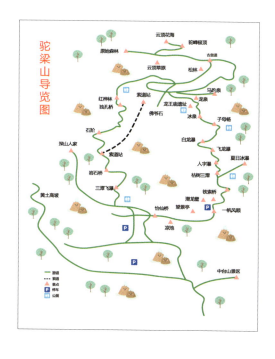

· 导览图、行车路线

1. 自驾路线：西阜高速行驶到塞北收费站出口驶出，行驶180米右转进入207国道，行驶9.1千米左转进入201省道，行驶44.4千米可到达驼梁山景区附近。

2. 公交路线：石家庄客运北站有直达驼梁山景区的班车。

五岳寨

小 泰 山

　　五岳寨位于河北省灵寿县西北部山区，南距省会石家庄110千米，北与佛教圣地五台山隔山相望。五岳寨主峰海拔1946.5米，五座山峰层峦叠嶂，巍然耸立，且姿态各异，各具特色，被当地称为"小泰山""小华山""小衡山""小嵩山""小恒山"。仅有十几米的顶峰岩平石台，三面临万丈绝壁。站在峰顶极目四望，苍茫中天地一色，千山万岭尽收眼底，会让人真正地感受到"会当凌绝顶，一览众山小"的境界。五岳寨总面积120平方千米，因五座山峰并列耸立，且有五岳之特点而得名。五岳寨包含三大景区，360多个景点，著名景点有七女峰、

五曲溪、燕赵第一瀑等。七女峰是五岳寨的重要景观，七座山峰一字排列，高低不一，形态各异。五岳寨高山密林，资源丰富，是集旅游观光、避暑消夏、寻奇涉幽和科学考察为一体的高品位、多功能的自然风景区。

　　五岳寨景区的植被覆盖率达98%，且种类繁多。不论是深壑还是高峰，到处都被郁郁葱葱的树林覆盖，其中还包括49%的原始次生林，排列整齐，密度大，种类多。据河北省林业勘察设计院的初步调查，景区内约有高等植物120科，357属，532种，分别占河北省现有纪录的58.8%、38%和19%。景区内包括河北省内特有的植物，如东陵绣球、木香蕾糖叶、黄芪、花楸等。国家级重点保护的植物有紫椴、核桃楸、刺五加等。此外，落叶松林、油松林、白桦林、核桃秋林遍布整个园区。本区内的动物种类也非常繁多，共有脊椎动物159种，隶属17目、56科、102属，还包括国家级重点保护动物，如金钱豹、斑羚、金雕、雀鹰等14种。景区内属磁河发源地，受地质、生物和降水的作用，泉溪潭瀑到处可见，五岳寨被称为太行山区保存最完好的森林生态系统。

· 七女峰

　　七女峰位于凌霄峡内，是五岳寨内最重要的景观。其中七座山峰一字排开，高低不一，姿态万千，如将军列阵，如金城铁堡，如宝剑刺空，长缨穿天，但却满身装扮着碧翠山花，显得婀娜多姿，妩媚可爱。其中，玉皇峰显示出一副至高无上、唯我独尊的气势。云雾笼罩的神龟峰是一峰独立的南天柱。千丈壁立的白马崖更是天生地造，鬼斧神工。由于各山峰常年被自然催化，形成了造型各异的象形山峰，似人似兽，栩栩如生。"天鸡醒日""天马回首""仙姑归山""日观台""月观台"等，令人百观不厌，遐想无限。

· 鸳鸯石

　　鸳鸯石，顾名思义，就是两块奇石，形神似鸳鸯，相依相偎，惟妙惟肖。仔细观察会不难发现就连鸳鸯的羽毛纹路都清晰可见。鸳鸯石位于白桦林附近，路边的山峰顶部。每当游人经过这里都会在此停歇，合影留念。

· 峡谷瀑布

峡谷瀑布位于五岳寨通岳峡内，该峡谷因直通五岳寨而得名，是沿大断层裂隙形成的峡谷。整条瀑布自峡谷的顶端流淌而下，总长达2000余米。300米高的悬崖横空而立，使得峡谷内终日不见阳光，即使闷热难耐的暑季，中午温度也超不过19℃，置身其中仿佛进入初春时节。瀑布上下可分为七级八叠，每级有数十米的落差，还有道道彩虹环绕，艳丽非常。峡谷内除连天飞瀑、洞天险窗、一线天等引人入胜的景观外，"六月冰"堪称一绝。冬季全峡封冰，厚盈数米，高达数丈，阳历6月消融未尽。

· 燕赵第一瀑

"燕赵第一瀑"是华北地区最大的瀑布，也是五岳寨景区内的主要景点之一。瀑布落差110米，水源充沛，一年四季长流不断，最大水帘宽达30米。抬头仰望，一条白练从天崖相接之处倾泻而下，水流如注，气势宏伟，好似千军万马。"五丈以内尚是水，十丈以下全是烟"是该瀑布的真实写照。在炎炎烈日的夏季，丝丝水雾随风飘荡，即使站在距瀑布百米开外，依然可以感受到置身蒙蒙细雨中的惬意感觉。

·导览图、行车路线

1.自驾路线：西阜高速行驶到塞北收费站出口驶出，行驶180米右转进入207国道，行驶9.1千米左转进入201省道，行驶26.2千米可到达五岳寨景区附近。

2.公交路线：石家庄运河桥客运站可乘坐直达五岳寨景区班车；在石家庄运河桥客运站或石家庄客运北站乘坐开往灵寿县客运站的班车，在灵寿县客运站转乘到五岳寨景区的班车。

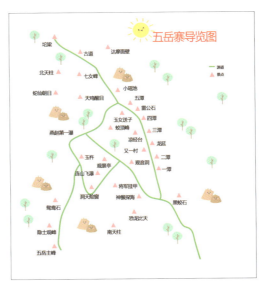

五岳寨导览图

第二十六章

西柏坡

新中国从这里走来

　　西柏坡是河北平山县一座小山，1948年5月毛泽东率中共中央机关和解放军总部进驻这里，在这里召开了七届二中全会，指挥了三大战役，召开了全国土地工作会议，这里成为中国革命最后一个中央的农村指挥所，新中国从这里走来。据史书记载，西柏坡原名"柏卜"，始建于唐代，因村后坡岭上翠柏苍郁而得名。1935年，该村一位教书先生将"卜"改为"坡"，又

　　柏坡岭是河北平山西部一座小山，1948年中共中央搬到山坡下西柏坡村，在这里指挥了震惊中外的辽沈、平津、淮海三大战役，召开了七届二中全会。

因与"东柏卜"村相对而居，遂改名为"西柏坡村"。西柏坡位于河北省石家庄市平山县中部，距离平山县城45千米，总面积达16440平方米。西柏坡作为解放全中国的最后一个农村指挥所，1947年5月，以刘少奇、朱德为首的中央工作委员会先期进驻西柏坡。1948年5月，毛泽东、周恩来和任弼时率领中共中央和解放军总部移住西柏坡，在此组织指挥了震惊中外的辽沈、淮海、平津三大战役，并召开了具有伟大历史意义的中共七届二中全会，西柏坡以其特殊的贡献载入了中国革命史册。它的名字镶嵌在中国解放战争的历史中，镌刻在共和国大厦的基石上。

当年的西柏坡，背靠青山，南邻稻滩，滹沱河擦滩而过，是个山清水秀的鱼米之乡。全村85户人家，一条北南走向的恶石沟把该村分为东西两岸。东岸占地约60亩，居住着13户村民，还有几个打麦场和一些空闲地。当时考虑选址西柏坡的原因如下：一是平山建党早，群众基础好；二是西柏坡的周围村子集中；三是西柏坡的交通比较便利，和各个解放区联系方便；四是这里比较安全，西柏坡周围分布着几个大村子，但是目标太大，容易暴露，而西柏坡的村子小且村子后面有山，条件便利；五是西柏坡有住宿条件，虽然西柏坡的房子曾被日军烧毁，但是有很好的基础，便于修建。所以根据以上几点选取了西柏坡作为解放全中国、筹备新中国的指挥中心。

中央选址这里后，六户村民主动迁出，把房院让给中央机关，中央在此又新建了一些房子。不论公房还是民房，除朱德的三孔石窟洞外都是就地形而建的土坯房。中央在这儿的住地大体可以概括为一个中央大院和四个小院。

村东岸有个老鼠岭，岭南面自东而西，依次为周恩来、任弼时、毛泽东、刘少奇、董必武的住所，毛泽东与刘少奇的住所之间是军委作战室。此外，还有杨尚昆与廖承志住所、机要室、工作人员住室、中央机关小学、收发室等。这一片建筑比较集中，房院前原为村民的打麦场，中央移驻后成了露天舞场和电影放映场地。稍西一点儿居住着几户村民，民房之间是中央的中灶食堂，也就是九月会议会址。稍北闫根绪家，房顶建有天窗，是刘少奇、朱德、周恩来、任弼时、董必武的联合小灶。

这一大片房子较多，东、南、北三面有围墙，北边两个小门，南边一个大门，西边无围墙，总体呈长方形。这就是通常说的中央大院。中央大院往西，穿越几户民房，有一处不规范的小院，东、西、北三面有房，南面是围墙，大门开在西北角，门上挂着个"小礼堂"木牌，具有伟大历史意义的七届二中全会就在这里召开（开会时改走南门，北门改为主席台）。小礼堂院西侧，土塄下紧连着大伙房院。东房 10 间是厨房，房顶有天窗，房后有烟囱。南北房各 3 间，是炊管人员住室。院子较大，也是露天饭场，院中有一水井，西临恶石沟，没有围墙。这是第二个小院。从七届二中全会会址向北，沿恶石沟缓坡而上约 100 米，村民仍称这里为恶石沟，中央称之为后沟。这里有两个小院。西边的一个是政策研究室和中央招待所，后排 12 间大部分为单间，跨度大，房间大，中间的大厅是跳舞厅和会议室。西边的一个大房间是接见苏共特使米高扬和北平起义将领傅作义将军以及李宗仁派出的"上海人民和平代表团"的地方。该院四周有围墙，朝南是砖门楼，这是第三个小院。由此往东，紧连着朱总司令居住的三孔石窑洞和工作人员居住的四间西配房，这是第四个小院。院前是一米多宽的道路和水沟。

柏坡岭上登山比赛

· 西柏坡中共中央旧址

　　1977 年修建的西柏坡纪念馆由中共中央旧址、陈列馆、书法石刻园和传统教育系类工程这四个教育参观区域组成。现在的中共中央旧址大院是 1971 年在原背面山坡上利用原房屋构件复原修建的，共分为前后两个院，大门向南，建筑为砖木结构平顶房，面积达 16440 平方米。旧址的前院自东向西分别为中共中央旧址、周恩来旧居、任弼时旧居、毛泽东旧居、军委作战室旧址、刘少奇旧居、董必武旧居，中共中央九月会议旧址。后院的北部三间窑洞式建筑为朱德办公室和居室旧址。前后院之间为中国共产党七届二中全会会议旧址，大院的最西部是 1948 年中共中央九月会议旧址。1982 年 3 月，国务院公布西柏坡中共中央旧址为全国重点文物保护单位。

　　1949 年 3 月 5 日至 13 日，在这里召开了中共七届二中全会。这是具有历史意义的会议。会议提出今后工作重点由农村转向城市，中国由农业国转变为工业国，由新民主主义转变为社会主义。会议描绘了新中国的宏伟蓝图，确定了建国方针，提出了"两个务必"：务必使同志们保持谦虚谨慎、不骄不躁的作风，务必使同志们保持艰苦奋斗的作风。

　　在这个小山村，在这个不足 20 平方米的小房间，毛泽东用运筹帷幄、决胜千里的大智慧，指挥了三大战役，改变了中国命运。

· 西柏坡纪念馆

西柏坡纪念馆位于河北省平山县西柏坡村，全馆面积13400平方米，建筑面积3344平方米。1955年，河北省博物馆联合当地政府建立了西柏坡纪念馆筹备处。1958年，因修建水库，革命遗址搬迁。1978年5月26日，中共中央旧址和纪念馆同时开放。1984年8月

西柏坡每年有上百万人参观瞻仰，群众也经常在这里开展登山健身活动。图为河北登山协会2007年举办的登山比赛。

31日，邓小平为纪念馆题写馆名。截至2016年，该馆馆藏革命文物有2000多件，其中一级品8类、15件。自建馆以来，西柏坡共接待社会各界观众5200多万人次，党和国家领导人江泽民、胡锦涛、习近平等先后到西柏坡参观视察。2008年5月，西柏坡纪念馆被国家文物局命名为首批"国家一级博物馆"。

· 五位领导人铜铸像

　　五位领导人铜铸像位于西柏坡纪念馆广场的中央，高 2.5 米，分别是毛泽东、朱德、刘少奇、周恩来和任弼时铸像。铜铸像由青铜铸就，以精湛的技艺和写实的艺术手法，再现了西柏坡时期中国共产党第一代领导集体充满胜利的喜悦和对未来无限憧憬的情景。

· 西柏坡纪念碑

　　西柏坡纪念碑位于西柏坡国家安全教育馆南侧、陈列展馆后的山顶上，纪念碑高 20.5 米，其主建筑由引路、广场和纪念碑三部分组成。引路由 70 级花岗岩台阶组成，长 65 米，宽 8 米。广场面积达 600 多平方米，全部由浅红色大理石铺成。纪念碑为六合体浅红色花岗岩，取"六合"之意，象征着中国共产党领导全国人民推翻三座大山、建立新中国的丰功伟绩。碑的正面"西柏坡"三个大字系邓小平同志手迹，碑文是江泽民题写的"牢记两个务必，建设有中国特色的社会主义"。纪念碑矗立在青山绿水的环绕之中，给人以壮美、雄伟、坚实之感，是西柏坡的标志性建筑之一。

· 导览图、行车路线

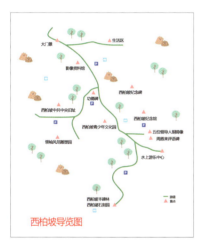

西柏坡导览图

　　1. 自驾路线：沿西柏坡高速行驶至西柏坡收费站出口驶出，直行进入西柏坡公路，行驶 8.9 千米可到达西柏坡景区附近。

　　2. 公交路线：在石家庄汽车总站可乘坐直达西柏坡景区的客车。在石家庄汽车总站、运河桥客运站、白佛客运站，乘坐去平山县的客车，到平山县客运站再转乘到西柏坡景区的客车。

第二十七章

河北名山

Famous mountains in Hebei

仙台山

中国十大红叶名山

　　仙台山是全国十大红叶观赏区之一，位于太行山东麓、井陉县西北部山区辛庄乡。仙台山山峰奇秀，俨然像一尊大佛巍然屹立。植被茂盛，红叶资源丰富。每到汛期，百泉汇合，飞流直下，山光水影，宛如银河倒悬，仙郎凌空，故名仙台山。仙台山的四季景色各异，春观桃花夏纳凉，秋赏红叶冬观柏。春天，山花烂漫，枝头鸟啼。夏天，高瀑流水，青山如洗。秋天，满坡红叶，层林尽染。冬天，林海冰柱，蔚为大观。金秋景致最为奇丽。时至重阳，随着秋深，这里的黄栌和枫树的叶子变红了，漫山遍野，色如烈焰，如火如荼，似晚霞映群山。

　　仙台山景区是秀丽的自然风景区和生态旅游避暑胜地。其景区总面积达 66 平方千米,主峰海拔近 1200 米,以绿、凉、幽、野著称,有"太行绿宝石"之美誉。仙台山的景观主要分上、中、下三层,其中最下面一层是仙台山的牌坊,一步一景,一石一观。其中有雀吸岩、卧鹰岩、蘑菇石、蝴蝶展翅石、如来讲经等景观。东、西、北三面悬空。上有小亭可供游人小憩,站在亭内远眺,可看到仙桃山、佛招手、华山、太行大佛、三马拉轿、宇宙飞船等远景。当我们深入其中,则不得不感叹大自然的力量。

　　仙台山拥有着众多的历史韵味的人文建筑,如唐僖宗御笔钦点的佛家圣地——护国院、助刘秀躲避敌击的天然钟乳石溶洞——刘秀洞等。仙台山的主要景观包括青龙戏白莲、军粮洞、梅花洞、花棺洞、朱砂洞、明目泉、玉女泉、如来佛大殿、南海观世音菩萨庙、汉明两代修筑的古长城、光武帝刘秀藏身的龙坑及护国寺等。悬空还有一观音洞,洞旁有高 30.96 米的观音菩萨塑像,又称观日出峰。

　　仙台山景区内的动植物资源丰富,自然条件优越,植物有 500 余种,如照山红、照山白、金莲花、野罂粟等,药用植物有 300 多种。山林中盛产黄花、蘑菇、木耳等几十种营养丰富且可以食用的野菜。夏秋季节,各色鲜花开满山野沟谷,把仙台山装点得格外艳丽。景区内的野生动物有几十种,禽类多达上百种。举首可望鹰击长空,俯首可见松鼠跳跃,山、水、花、木、鸟、兽、鱼、虫,一片生机盎然,使人乐此忘返。

· 溶洞

　　仙台山上有大大小小几十个溶洞，而其中最为壮观的要数"刘秀洞"。据传说，西汉末年王莽追杀刘秀，将刘秀追至仙台山处，刘秀躲进此洞得以脱身。后来刘秀做了东汉开国皇帝，后人遂称此洞为刘秀洞。刘秀洞为天然形成的溶洞，洞高数丈，上下共分为两层，其中洞内的上层有一股常年不竭的清泉，泉水中的碳酸钙长年沉积，形成一个高3米多、直径5米多的莲花状小山，有如一朵硕大无朋的出水芙蓉。溶洞的下层有三个小洞，洞顶有石钟乳，晶莹剔透，含珠欲滴。

· 护国寺院

　　在刘秀洞的旁边有一座古刹，名曰护国寺院。公元880年唐僖宗在位时，黄巢起义，仙台山高僧敬恩和尚曾预言皇家必能击败黄巢大军，唐王得胜后于884年御笔亲封仙台山红岩寺为"护国院"。护国寺院兴盛于宋元，随后几经毁坏、重修，主要建筑荡然无存，仅存殿基。现存有唐天祐元年（904年）经幢1件，元明清重修碑数座。溶洞内唐代摩崖造像菩萨27尊。如今被重新修建的护国寺，金碧辉煌，掩映于万绿丛中，有一种深山藏古寺的意境。

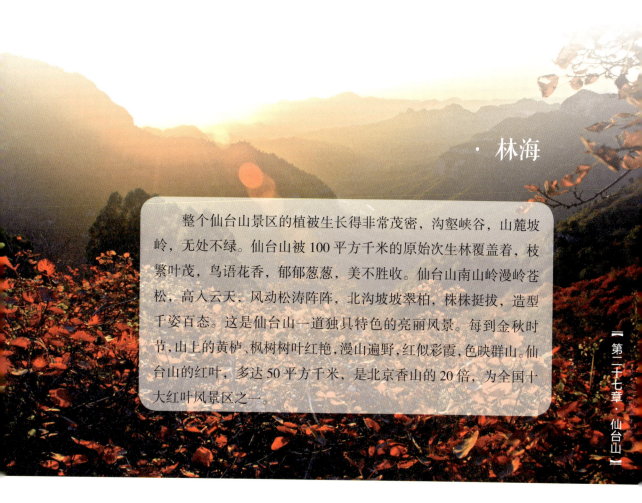

· 林海

整个仙台山景区的植被生长得非常茂密，沟壑峡谷，山麓坡岭，无处不绿。仙台山被100平方千米的原始次生林覆盖着，枝繁叶茂，鸟语花香，郁郁葱葱，美不胜收。仙台山南山岭漫岭苍松，高入云天，风动松涛阵阵，北沟坡坡翠柏，株株挺拔，造型千姿百态。这是仙台山一道独具特色的亮丽风景。每到金秋时节，山上的黄栌、枫树树叶红艳，漫山遍野，红似彩霞，色映群山。仙台山的红叶，多达50平方千米，是北京香山的20倍，为全国十大红叶风景区之一。

· 导览图、行车路线

仙台山导览图

1. 自驾路线：沿京昆高速行驶至大里岩收费站驶出，行驶2.2千米左转进入107乡道，行驶3.5千米右转进入119乡道，行驶7.1千米可到达仙台山景区附近。

2 公交路线：石家庄火车站西乘坐9路（公交驾校至车管所方向）公交车经过18站或到纪念碑乘314路（纪念碑至瑞泰澜庭方向）公交车经过16站，到西王客运站。在西王客运站转乘石家庄至井陉县汽车站班车，到井陉县汽车站可换乘至仙台山景区班车。

191

第二十八章

河北名山

Famous mountains in Hebei

嶂石岩

中国丹霞地貌名山

嶂石岩景区位于石家庄西南的赞皇县嶂石岩乡嶂石岩村，面积约 120 平方千米，中心景区 20 平方千米，主峰黄庵垴海拔1774 米，登主峰可看到两省五县。绵亘千里的太行山，在这里突出奇构，横空叠起三层赤壁峰屏，被国家地质部鉴定为"嶂石岩地貌"，它与丹崖地貌和张家界地貌并称为"中国三大砂岩地

貌"。这峰屏又构成全世界最大的天然回音壁。嶂石岩1994年被评为国家级风景名胜区，2004年被国土资源部批准为国家地质公园，2005年被国家旅游局评为4A级旅游景区。

嶂石岩为太行雄险壮美的代表地段，丹崖、碧岭、奇峰、幽谷。其景观特色大致可概括为"三栈牵九套，四屏藏八景"。三栈即三条古道；九套即连接三条古道的九条山谷；四屏乃整体看似四道屏障一样而又相对独立的四个分景区（九女峰、圆通寺、纸糊套、冻凌背）。这四个景区中有八处著名胜景：九仙聚会、岩半花宫、晴天飞雨、回音巨崖、槐泉凉意、冻凌玉柱、重门锁翠、叠嶂悬钟。这三栈四屏、八景九套之间均有小路相连，将120个景点连珠缀串，迤逦展开。天然回音壁、冻凌玉柱、雾洞和佛光为"嶂石岩四绝"。晴天飞雨、石乳灵泉、云崖撒珠和银瀑落湖又为嶂石岩水景四绝。区内600余米三级红色砂岩断层构成丹崖绝壁。三层赤壁峰屏，人称"嶂石三叠"，每层高100米至150米，如同"万丈红绫"；南北长达10千米，被誉为"百里赤壁"。在两层陡崖之间，是坡度较为平缓的平台，由砂岩、页岩形成的天然栈道。其上层有原始次生林，春夏翠绿如碧，深秋则丛林尽染。三叠崖壁，除顶层为石灰岩外，多由红色石英岩构成。其独特的嶂谷回音壁，壁高110米，弧长300余米，弧度达255°，为世界之最。奇秀的九女峰让人叹为观止。千年古刹三栈胜境玉皇庙暨千佛碑、槐泉寺、大王台等人文景观是寻古探幽的佳地。三秀峡、乳泉洞、槐泉峪、大天梯等一串连续的自然景观让人神往。为纪念澳门回归，1999年12月修建完成的中国最大的澳门回归长城纪念碑林，总长1000米，共镶嵌999块碑，为景区增加了一大人文景观。

嶂石岩自然生态良好，雨量充沛，气候宜人，年降雨量740毫米以上，平均气温11.5℃，有"北方凉岛""天然氧吧"之美誉。其中山麓、栈顶皆被乔、灌、藤、草所覆盖。景区内的植物种类共计98科、654种，其中核桃、杜鹃、漆树、

蕨菜遍布山间，人参、何首乌、天麻等珍贵中药材亦多有出产。黄羊、草鹿、黑鹳等兽禽也经常隐现于林间崖头。嶂石岩景区是华北地区保护最好、品种最全的"天然植物园"。景区内四季景色优美。春季，漫山遍野开满山桃花、丁香花、玫瑰花、杜鹃花，争相开放；夏季，植被成林，郁郁葱葱，山间到处飞流着瀑布，云海、佛光奇异壮美；秋季，层林尽染，秋风送爽，如火如荼；冬季，雾凇树挂，银装素裹，冰柱擎天。暑天至嶂石岩，既无暑燥之烦，又无蚊叮之苦，尽享清凉愉爽之乐，实为休闲避暑胜地。明代诗人乔宇诗赞嶂石岩："岩半花宫千仞余，遥观疑是挂空虚。丹崖翠壁相辉映，纵有王维画不如。"明末进士刘应宾则题字"一方绝胜"。

·圆通寺

　　圆通寺位于嶂石岩景区西南部，圆通寺修建于嶂石岩第二层陡崖（即二栈）之上。嶂石岩停车场西侧有一巨石，传为明代圆通寺大宝和尚讲经处。二栈之上有圆通寺遗迹，崖壁有六组岩画。寺东有一座高 20 多米的岩洞，内有石乳泉、钟乳石等，颇有欣赏价值。过圆通寺遗址后，还可见到山龟乞露、回心坪等景点。

·一线天

　　一线天由陡壁夹成一条狭长梯道，举头望天，仅见危崖相逼，形成 50 多米高的狭缝，梯道长达 150 米。一线天崖顶处，有蛇首崖景点，其后则有凿子石、试剑石、仰天石等景点。

·纸糊套

纸糊套位于嶂石岩景区内的西格台村西，此景区内有当年李自成起义军余部活动的遗迹，哨石、石门、大王台、古佛岩等景点仿佛还在诉说几百年前的往事。由石门向西有槐泉寺，此寺修建于唐代，元明两代均重修过，旧称石佛寺，于明代改称。寺中现有殿宇三间，供六尊佛像和三尊文武像。1995年又进行修整，现存建筑有山门、天王殿、观音殿、罗

汉殿、大雄宝殿和钟鼓楼。纸糊套南岐崖底有一槐泉，为滏阳河支流槐河源头。在百米高的陡壁悬崖下，有泉群布于一洞周围，泉水清澈，长年不绝，日流量可达千吨，为嶂石岩景区第一泉。

·九女峰

　　九女峰位于嶂石岩景区的东部，因为有九座形如仙女玉立的山峰而得名。九女峰是嶂石岩景区的著名景点。九女峰附近还有三个景点：一是三县垴，一座海拔达 1508 米的平顶山，是观景佳地；二是滴泉，在母子崖山麓，岩壁滴出泉水，形成一泉，泉水清冽甘凉，饮之颇佳；三是杜鹃坡，位于仙人峰南山阳坡，一坡杜鹃花在春天争相开放，艳丽异常。

　　传说，天宫里九位仙女，厌倦与世隔绝的天宫生活，欲下凡周游人间。一天，她们背着玉皇大帝，来嶂石岩游玩。一见此地风光，峰峦叠嶂、林茂谷幽、潭泉相映、险径回曲，便流连忘返。玉帝得知，令二值日星官前来，催九女回宫。谁知，二值日星官到此，只顾观景，忘了传旨。玉帝大怒，出指点石，惩罚二官。因动怒过甚，出手太猛，连同九仙女共十一个，全都点成石人，永驻嶂石岩。玉帝悔之晚矣，只好托梦给嶂石岩人，取名"九女峰"。

·冻凌背

　　冻凌背景区在纸糊套景区之北，景区内因每年冬季银瀑倾落形成高达 30 余米的冻凌玉柱景观而闻名于世。玉瀑落湖是嶂石岩景区十分著名的景观，顶栈崖底的泉水流经三栈山涧，以 350 米落差形成落瀑，而后顺崖壁泻入湖中，此胜景让人精神陡然为之振奋。天寒时节，瀑水在 350 米落差之下的二栈崖顶至二栈山腰石阶上形成 30 米高的冰凌，美丽晶莹，逢此时节而来的游人皆叹为观止。

· 回音壁

　　回音崖位于嶂石岩景区的中部，有一半环形山林景观。山上石梯蜿蜒，曲径迂回。山腰处，世界上最大的天然回音壁矗立其间。回音壁又称为回音崖，它高达 100 米，近乎垂直。弧长 300 余米，弧度为 250°，弧壁表面光滑。若仰天长啸或击掌叩石，则即从另一端传回酷似原声数倍的回应，"空谷传响，哀转久绝"。仰看回音壁恰似一巨大天井，一股清流自崖顶抛洒而下，似珠落玉盘，飒飒作响，此即"云崖撒珠"。

· 导览图、行车路线

1. 自驾行驶：在新元高速（南向）行驶至元氏收费站驶出，行驶 130 米向右前方行驶进入 033 省道，行驶 19.8 千米右转进入滨河东路，行驶 4.9 公里左转进入 232 省道，行驶 1.6 千米向右前方行驶进入 393 省道，行驶 14.6 千米左转进入 202 省道，行驶 4.9 千米右转进入马嶂线，行驶 24.4 千米可到达嶂石岩景区附近。

嶂石岩导览图

2. 公交路线：在石家庄南焦客运站可乘坐直达嶂石岩景区的班车。石家庄南焦客运站乘坐长途车到赞皇县客运站，在赞皇县客运站转乘到嶂石岩景区的客车。

第二十九章

太行大峡谷

中 国 奇 峡

邢台太行大峡谷位于邢台县路罗镇贺家坪，主峰海拔 1753 米，面积 18 平方千米，由 24 条峡谷组成，其中长 1000 米以上的峡谷达 8 条。因其具有狭长、陡峻、深幽、赤红和集群五大特点，加上连绵十余里的清潭飞瀑与上万亩的原始次生林，被地质专家誉为"世界奇峡"，成为太行的一大奇观。大峡谷群当前开发可游览的峡谷共 5 条，分别为长嘴峡、流水峡、黄巢峡、竹会峡和老人峡。主要景观有神鹰崖、大北峡栈道、猿人头、天眼、鬼门天堑、卧峡晴虹、云崖撒珠、飞瀑泻玉、瑶池妆台、龙宫玉珠、济公观海、三山销翠等。峡谷群是以石英砂岩峡谷景观为主体，辅以山崖、瀑布、人文风情等景观的峡谷群型旅游区，其所具备的垄断性石英砂岩峡谷群和典型性的嶂石岩砂岩地貌特点，在太行山区乃至全国山岳型旅游区中独树一帜，不可多得。景区先后被国家有关部门评定为国家级风景名胜区、国家地质公园、国家 AAAA 级旅游景区。

· 神鹰崖

大峡谷景区内有一天然形成的山崖"神鹰崖"，是大自然的杰作。神鹰崖岩性为长城系石英砂岩。它高达近百米，形似凝视远方、即将展翅翱翔的雄鹰屹立在大山深处。神鹰崖的形成与构造运动形成的节理有关。岩石沿构造节理面坍塌，同时伴随着雨蚀、风化，最终形成现在的神鹰孤峰。

· 大北峡栈道

　　大北峡悬空的栈道横亘于悬崖峭壁上，随山势而旋转，犹如飘带缠绕在峭壁之上。一侧是千尺奇峰，一侧是深谷涧壑。游人攀登上蜿蜒曲折的悬空栈道犹如在云端，有平步青云之感。如果清晨登上，雾气还未散去，好似仙境般令人心旷神怡，崖壁上各类灌木点缀其间，形态万千，是景区内最壮观的景致之一。

· 猿人头

　　古猿头已经在此守望了上亿年，守望的就是我们山清水美的自然风光与旅游区美好的未来。从侧面看上去，"猿人"的眼、鼻、嘴、下巴，轮廓分明，栩栩如生，脸庞清晰可见。一双眼睛凝视前方，犹如一件天然的雕塑作品。

·天 眼

几十亿年前这里曾是一片浅海环境，石灰岩被海水长期侵蚀，岩石松软的部分被海水冲刷掉，慢慢形成了一种溶洞，后来由于地壳运动，海水消退，山体上升，孔洞也随着山体升上来，形成裸露的峰脊溶洞。由于天眼是通透的，"过堂风"很厉害，即便是在烈日炎炎的盛夏，站在里面也会觉得冷风刺骨。

· 长嘴峡

长嘴峡,俗称"一线天",也叫贺坪峡,因前面的村名而得名,是景区内的第一条峡谷,狭长 800 米,宽 20 米,两壁高 70 余米。谷底奇石遍布、细水长流、地势奇险,终年不见阳光,是夏季避暑的好地方。

· 老人峡

顾名思义,老人峡是非常适合老人行走的峡谷。此峡谷山势非常平缓。瀑布落差 30 余米,好似一道白练从半山腰飘落,风一吹,似千万朵玉兰,飘落到潭,立刻化成一缕水雾。老人峡中有一片原始次生林,进入林中,树木遮天蔽日,山泉奔流,凉爽异常。山泉奔流至此,从石瓮中回旋喷流而去,形成瀑布,在这里观赏,会有一种凉风袭人、似入仙境的感觉。瀑布下端有一水潭,名为"老龙潭",由瀑布冲击而成,深 6 米,水质清澈。待到严冬时节,瀑布结冰,由于水流的冲击,经常形成一根中间空洞而外面结冰的巨大冰柱,从远处观望就好似冰山,走近后又散发着蓝光,令人称奇。

· 竹会峡

竹会峡长 3000 米,平均宽约 10 米到 20 米,高 70 余米,植被覆盖率高,有大面积的原始次生林,有多种野生动物和鸟类。每至阳春三月,山桃花、山杏花开遍山野,这里山花烂漫,绿叶相间,恰似世外桃源。这里也是野生中草药的生长地,有人参、当归、何首乌、柴胡、黄连等上百种中草药。

· 流水峡

　　流水峡全长 3000 米，宽 20 米，高 70 米。峡中清水长流，鸟语花香，弯弯曲曲的陡壁上有众多的石崖、石龙和蜂窝状石洞，千姿百态，变化多端。在流水峡中段上山的路上，从这里向上攀爬，便是形似帝王之盔的"王帽峰"，其寓意是黄巢有王者之气。老龙潭瀑布所见到的"天然大屏幕"便在此山下。

·黄巢峡

　　黄巢峡深幽狭长，峡岸壁立，它是群山中的一道地堑，串联着无数小型峡谷，摇摆中形成了一道道关卡，犹如重门锁翠。黄巢峡长4000米，宽1米到2米，最窄处只有十几厘米，壁高150米。这里红岩绝壁，险峰对峙，黄巢曾在此设营扎寨，留下许多遗迹和传说。位于黄巢峡口左侧悬崖间的黄巢岩，相传为黄巢营寨处，崖内原有黄巢塑像和佛殿。殿后有神水井，以前为村民祈雨之处，"文革"期间殿庙被毁，现仍存断壁残垣和石碑。此外黄巢岩附近的金銮殿、银銮殿、兴龙寺、跑马栈道，以及峡外的血流峪、天明关等村名皆与黄巢起义军有关。峡深谷幽，抬头仰望，青天一线；俯视脚下，水流不断。相隔不远便有一道瀑布，溪水清澈见底，清凉透骨。峡道里相隔不远，就有一石卡"喉"，每卡一处便是一道瀑布，每道瀑布下面都有一个大小不同的小石潭，深则几米，浅则1米。

　　黄巢（820~884年），曹州冤句（今山东菏泽西南）人，唐末农民起义领袖。

· 导览图、行车路线

1. 自驾路线：在东吕高速行驶至路罗收费站出口驶出，行驶 1.6 千米左转进入 323 省道，行驶 7.6 千米右转进入 069 乡道，行驶 8.7 千米到达太行大峡谷景区附近。

2. 公交路线：在邢台市火车站乘坐 28 路（公交三公司至德龙钢铁公司西门方向）公共汽车经过 8 站或乘坐 7 路（火车站至西黄村西站方向）公共汽车经过 8 站，到中兴太行路口下车，步行约 320 米到邢西汽车站，在邢西汽车站可乘坐到太行大峡谷景区的班车。

第三十章

天河山

中 国 爱 情 山

中国名山众多，但以爱情为主题的山却只有天河山（又名七夕山、爱情山）。天河山位于河北邢台县白岸乡清泉村，主峰海拔 1394 米。天河山一带广泛流传着牛郎织女的故事，并拥有大量的文化遗存。经多位专家考证，这里就是牛郎织女故事

的原生地。天河山在国家市场监督管理总局注册为"中国爱情山"并被中国民俗学会命名为"七夕"文化研究基地，被中国民间文艺家协会命名为"中国七夕文化之乡"。天河山是国家AAAA级风景区、河北省重点风景区、河北省地质公园。

天河山文化底蕴丰厚。早在新石器时代，天河山地区就有人类居住。春秋时期，孔夫子曾周游至此，"夫子岩"由此得名。山有南北二主峰，原设夫子岭关，为邢台县西山十一关口之一，是邢台县路罗至山西和顺县的通道。南峰西坡松木葱郁，北峰顶上有古庙一座，称作西天圣母庙，坐北朝南，正庙三间。院内柳树一棵，还立着清乾隆、道光、光绪年间的石碑四座，均为重修庙碑。抗日战争时期，这里是八路军主要根据地之一。一二九师医院、冀南银行(中国人民银行前身)等革命遗址，至今保存完好。

天河山总面积30平方千米，这里奇峰林立，峡谷幽峻，植被丰茂，林木葱郁。这里有一望无际的松林草原，松涛阵阵。郁郁葱葱，微风过处，松枝摇曳，犹如碧海波涛；群瀑飞雪，清泉鸣筝，水源丰沛，是著名的"太行水乡"。在长达10千米的峡谷里，到处是飞瀑流泉。这里有红河谷、七星潭、珍珠泉、情人谷、滴水岩等几十处著名景点。这里的西雕八瀑落差从几米到几十米高低不等，宽幅小到1米，大到20米，群瀑争势，缓急有致。天河山的湖水碧绿清澈，静静的湖面上，不时有黑白相间的蝴蝶翩翩飞过。蝴蝶在这里被称为"蝶仙"，是天河山独有的物种，它生在这里，似乎要与美丽的牛郎织女爱情故事永世相伴，永不离弃。天河山的景点大多与爱情有关，主要景点有汉阙大门、荷香园、迎宾大坝、天河湖、天河山庄、爱情广场、鸳鸯池、凌波湖、蝶仙谷、凌雪湖、九天银河、天门、碧莲池(壶穴)、睡莲池、情人谷、牛郎庄、仙人峰、鹊桥、月老峰、圣母庙、夫子岩、云顶草原、天下第一牝、太行猕猴园等数十处。进入天河山如同到了爱的海洋。

· 壶穴奇观

　　被联合国教科文组织地质公园顾问专家赵逊称为"华夏一绝"的壶穴，就在美丽的邢台天河山风景区。天河山呈锅穴形、壶穴状，很像老乡家用的瓮，故村民们称其为"石瓮"，在地质学上则叫作壶穴或锅穴。它是由湍急的溪水经亿万年冲击而在溪底巨岩上形成的圆石坑。此处三个锅穴自上而下依次排列，四壁浑圆光滑，穴深水清，穴中有小鱼浮游，"若空游无所依"。联合国教科文组织地质公园顾问专家赵逊到此考察后惊叹，许多专家建议，天河锅穴应作为"国宝"予以保护。水滴石穿，柔能克刚，锲而不舍，木锯绳断，都在这里得到了验证。老子有句名言，"天下之至柔，驰骋天下之至坚。"意思是说：天下最柔软的东西（水），能战胜天下最坚硬的东西（石）。

· 天下第一牝

老子《道德经》第六章： "谷神不死，是谓玄牝。玄牝之门，是谓天地之根，绵绵兮其若存，用之不勤。"玄牝指母性生殖器，玄牝之门乃众妙之门、生命之源、天地之穴，万物之母也。万物皆从此门出，由此最早产生性崇拜、母阴崇拜、生殖崇拜，以至奠定东方古典哲学之基和阴阳五行之学说。阴阳五行观之，北方为阴，为水，为母。邢台天河山有此母阴之穴。阴阳五行里，南方是火，为阳；北方是水，为阴。男为阳，女为阴，南有男根，北有女阴。河山也是得天独厚，鬼斧神工地将生产之门揽入怀中，又将她无遮无拦地裸露于大自然中。天河山的女阴高达38米，国内国外，见所未见，闻所未闻，因此人们称其为 "天下第一牝"。

·睡莲池

睡莲池中,睡莲石盘交错绵延，鱼儿穿梭游戏，时而顽皮地吐出水泡，时而头尾相戏，排出长蛇阵。岸边树荫下，情侣对对低声细语，沿溪水逆流，在峡谷中穿行。溯溪探源、水声潺潺，阴凉的清风徐徐送来，三五好友团坐，将生活的感受当作美酒低斟浅酌，不亦乐乎！

·漂流

天河山拥有华北最大的峡谷漂流基地,号称中国情侣第一漂。

· 情爱文化博物馆

　　情爱文化博物馆位于中国爱情山爱情广场上，博物馆建筑面积 460 平方米，占地面积 600 平方米，于 2010 年 8 月 16 日开馆，为中国爱情山增加了一个新的亮点。情爱文化博物馆以爱情为主题，"破除性愚昧，提倡性科学，倡导性道德"为宗旨，以生理学、心理学以及性科学、性技巧、性文明、性道德为内容。力图达到促进家庭幸福和社会和谐发展的目的。馆内共展出古代性艺术品、图片 300 余件，有的是国内仅有的孤品，艺术和科学研究价值很高。经专家和游客的建议，有关部门将不断地扩建博物馆，并增加馆内的展品以及内容，系统展示人类性的神秘，从多个角度展示人类的性本能及衍生出来的社会风尚与道德，将天然的景与人间的情相结合，完善中国爱情山作为情爱文化旅游胜地的人文内涵，填补我国空白，使中国爱情山成为全国旅游建设的一朵奇葩，使该馆成为全国一流的情爱文化博物馆。

·天河山的牛郎织女传说

　　邢台西部太行山牛家庄，有个农家小伙子，叫牛郎。父母离世早，他便跟着哥嫂度日。哥嫂待牛郎非常刻薄，要与他分家，牛郎只分得了一头老牛和一辆破车，其他的都被哥嫂独占了。

　　从此，牛郎和老牛相依为命，他们在荒地上披荆斩棘，耕田种地，盖造茅屋，营造成一个小小的家，勉强可以糊口度日。可是，除了那条不会说话的老牛以外，冷清清的家只有牛郎一个人，日子过得相当寂寞。

　　有一天，老牛突然开口说话了，它对牛郎说："牛郎，今天你去碧莲池一趟，那儿有些仙女在洗澡，你把那件红色的仙衣藏起来，穿红仙衣的仙女就会成为你的妻子。"牛郎见老牛口吐人言，又奇怪又高兴，原来老牛是天上的金牛星下凡，因为在天上时知道织女心灵手巧，便有意搭线。牛郎悄悄躲在碧莲池旁的芦苇里，等候仙女们的来临。不一会儿，仙女们果然翩翩飘至，脱下轻罗衣裳，纵身跃入清流。牛郎便从芦苇里跑出来，拿走了红色的仙衣。仙女们见有人来了，慌乱地穿上自己的衣裳，像飞鸟般地飞走了，只剩下没有衣服无法逃走的仙女，她就是织女。织女见自己的仙衣被一个小伙子抢走，又羞又急，却又无可奈何。这时，牛郎走上前来，对她说，要她答应做他妻子，他才能还给她衣裳。织女定睛一看，原来牛郎便是自己日思夜想的牵牛，含羞答应了他。这样，织女便做了牛郎的妻子。

　　他们结婚以后，男耕女织，相亲相爱，日子过得美满幸福。不久，他们生下了一儿一女，十分可爱。牛郎织女满以为能够终生相守，白头到老。可是，王母知道这件事后，勃然大怒，马上派遣天神捉织女回天庭问罪。

这一天，织女正在做饭，在田间耕地的牛郎匆匆赶回，眼睛红肿着告诉织女："牛大哥死了，它临死前说，要我在它死后，将它的牛皮剥下放好，有朝一日，披上它，就可飞上天去。"织女一听，心中纳闷，她明白，老牛就是天上的金牛星，只因替被贬下凡的牵牛说了几句公道话，就被贬下天庭。它怎么会突然死去呢？织女便让牛郎剥下牛皮，好好埋葬了老牛。

　　正在这时，天空狂风大作，天兵天将从天而降，不容分说，押解着织女便飞上了天空。

　　正飞着、飞着，织女听到了牛郎的声音："织女，等等我！"织女回头一看，只见牛郎用一对箩筐，挑着两个儿女，披着牛皮赶来了。慢慢地，他们之间的距离越来越近了，织女可以看清儿女们可爱的模样了，孩子们都张开双臂，大声呼叫着"娘"，眼看牛郎和织女就要相逢了。可就在这时，王母驾着祥云赶来了，她拔下头上的金簪，往他们中间一划，霎时间，一条天河波涛滚滚地横在了织女和牛郎之间，无法横越。

　　织女望着天河对岸的牛郎和儿女们，哭得声嘶力竭，牛郎和孩子们也哭得死去活来。他们的哭声，孩子们一声声"娘"的喊声，是那样揪心裂胆，催人泪下，连在旁观望的仙女和天神们都觉得心酸难过，于心不忍。王母见此情此景，也稍稍为牛郎织女的坚贞爱情所感动，便同意让牛郎和孩子们留在天上，每年七月七日，让他们相会一次。

　　从此，牛郎和他的儿女就住在了天上，隔着一条天河，和织女遥遥相望。在秋夜天空的繁星当中，我们至今还可以看见银河两边有两颗较大的星星，明亮地闪烁着，那便是织女星和牵牛星。和牵牛星在一起的还有两颗小星星，那便是牛郎织女的一儿一女。

　　牛郎织女相会的七月七日，无数成群的喜鹊飞来为他们搭桥。鹊桥之上，牛郎织女团聚了！织女和牛郎深情相对，相拥儿女，有无数的话要说，有无尽的情意要倾诉！

　　传说，每年的七月七日，若是人们在葡萄架下静静地听，可以隐隐听到仙乐奏鸣，织女和牛郎在深情地交谈。真是相见时难别亦难，他们日日在盼望着第二年七月七日的重逢。

·导览图、行车路线

天河山（七夕山）导览图

1. 自驾路线：在东吕高速行驶至路罗收费站出口驶出，行驶 1.6 千米左转进入 202 省道，行驶 100 米后右转进入 323 省道，行驶 18.4 千米到达天河山（七夕山）景区附近。

2. 公交路线：在邢台市火车站乘坐 28 路（公交三公司至德龙钢铁公司西门方向）公共汽车经过 8 站或乘坐 7 路（火车站至 西黄村西站方向）公共汽车经过 8 站，到中兴太行路口下车，步行约 320 米到邢西汽车站，在邢西汽车站乘坐直达天河山景区的班车。

第三十一章

古武当山
北方道教名山

古武当山为道教历史名山，位于邯郸武安市西40千米的太行山深处，是神话《北游记》故事的发源地，也是一处国家地质公园和森林公园。主峰海拔1437.7米。山顶一唐代古碑上记载此山为"古武当山"，经专家考证认定是久为国内道教界寻找的著名的北武当山，其历史早于国内其他武当山。古武当山是自唐代以来中国道教的发源地，有规模宏大的道教古建筑群。现存建筑规模之大，规制之高，构造之严，装饰之精美，实属罕见。

古武当山自然风光秀美，文物古迹众多。北顶、西顶、航顶、圆脑山和桃花山这五峰相连相望。顶顶有庙，峰峰插天；

神在庙内坐，庙在云中。该山有六大景区、三十六个景点，分别是下庙环山道景区、三丰城景区、南天门景区、峰顶景区、林海公园景区和

西山景区。著名的景观有"阳山奇观""大鹏展翅""神猴献瑞""毛公峰""鲁迅峰""太极掌"等。太极神掌、探海神龟以及阳山奇观，鬼斧神工，极为壮丽。

庙宇有药王庙、碧霞丹君庙、真武庙，无不体现着武当道教和太极养生文化。真武庙建在山顶处，庙内供着道大神真武大帝和太极宗师张三丰。北顶老爷顶，南顶奶奶顶，由一座天桥连接。置身山顶，极目远望，遍山云雾，如入仙境。位于群山之间的张三丰古练功场，四周山形千姿百态，处处显现着大自然的灵。古老秀美的山川、神奇悠久的传说、雄浑俊秀的山势以及浓厚的文化底蕴，越发增加了古武当山的神秘。

古武当山也叫真武当。相传，净乐王太子玄元 14 岁时诚心修道，经过四十二年风风雨雨的磨炼，在湖北武当山修成正果，被封为北方正神，这就是道教尊奉的神——真武大帝。被封为北方正神之后，真武大帝就决定在北方寻找一座山作为行宫。为了寻觅这座山，他先后九十九次游历北方，当他第九十九次游历北方时，发现有一座山雄踞于群峰之间，顿时心中一亮，赞道："好一座奇山秀峰。"但是，他又感到主峰略低了一些，于是便用两手指捏住顶峰，微微向上一提，峰顶顿时就升高了九十九丈（330 米），远远高于四周群峰。他高兴地说："又一武当山分！"从此古武当山正式得名，并一直沿用至今。

· 三丰城

　　三丰城坐落在主峰下南侧的山梁上，总面积达2000平方米。太极宗师张三丰立身石像坐落中央，底座高5.25米，像高6米，全部采用优质青石精雕而成。这座古宫为祭拜张三丰祖师的宫殿，古武当山是一座三位一体的著名道教山。所谓三位一体，就是武当道教、武当派内家拳和雄浑优美的自然山色。太极宗师张三丰所创的太极拳尤为突出，名震寰宇，风靡世界。古武当山是国内著名的太极拳圣地。历史上练拳习武的人众多，使这一带成为太极之乡。特别值得一提的是，这里曾诞生过威震中国北方的著名武术家李荣安（民间俗称"黑大刚"）。

河北名山

Famous mountains in Hebei

· 金顶、真武殿

金顶主峰为古武当山五峰之最，它最高，最美，最险，最壮观。就是在这最美的山峰上，坐落着全山最精美的真武殿，供奉着武当山的最高尊神真武大帝。真武大帝是道教中影响极大的一位大神，据道教说：真武大帝是北神，是"四方神"之一（东青龙，西白虎，南朱雀，北玄武），由于他位在北天，按二十八星宿，北方七星宿为龟蛇形，龟有甲，蛇有鳞，故称武；北方属水，其色玄。故合起来称为"玄武"。到宋朝真宗皇帝时改称。

· 三清殿

三清殿位于古武当山的西峰上（也称西顶）。"三清"是道教最高神，他们分别是玉清原始天尊、上清灵宝天尊、太清道德天尊（太上老君）。三尊各为教主，称为三洞尊神，为神王之宗，飞仙之主，统御诸天神。宇宙万物都是他们所创造。古书说，三清尊神生于天地之先，其体常存不灭。"三清"之说初见于南北朝，极盛于唐宋。道教的三清主要表示教派的联合和宇宙的本始。据道教教义，所谓宇宙的本始，是说道即气，一气化三气，三气化三清，简单地说叫"一气化三清"。又有人说，三清都是元始天尊的化身。《真武经》说："元元圣祖，八十一次化为老君，八十二次变玄武，故知玄武者，老君变化之身。"武当山宫观都供有三清神像。

· 摩天仙桥

　　中国北方奇观——古武当山摩天仙桥。由于古武当山主峰五峰相望的独特山势，在海拔 1430 米的高度，横跨"西顶"和"航顶"，在两峰之间拉起跨度为 150 余米的九条钢索。钢索上铺钢板，两侧有近一人高的护栏钢网，造成极为刺激的飞越山峰、不是神仙也似仙的感觉。此桥称"仙桥"，还暗含成仙之意，每年七月七日举办"鹊桥相会，保你永结同心"活动。

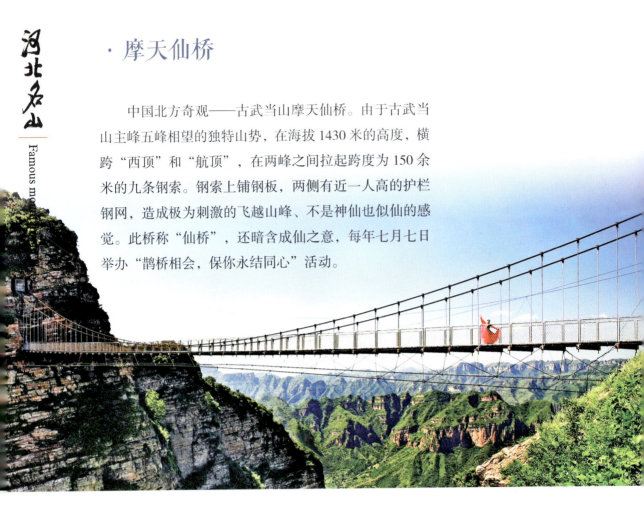

· 双龟对背

　　在群山中，有一座非常奇特的山，叫"双龟对背"。

· 导览图、行车路线

1. 自驾路线：太行山高速行驶至顿井收费站驶出，行驶 1.1 千米右转进入 312 省道，行驶 5.6 千米右转进入 202 省道，行驶 9.3 千米左转进入 188 乡道，继续行驶 8.7 千米可到达古当山景区附近。

2. 公交路线：邯郸汽车站乘坐 808 路（西客站至武安汽车站方向）公交，经过 22 站到武安市汽车站，在武安市汽车站转乘到古武当山景区的客车。

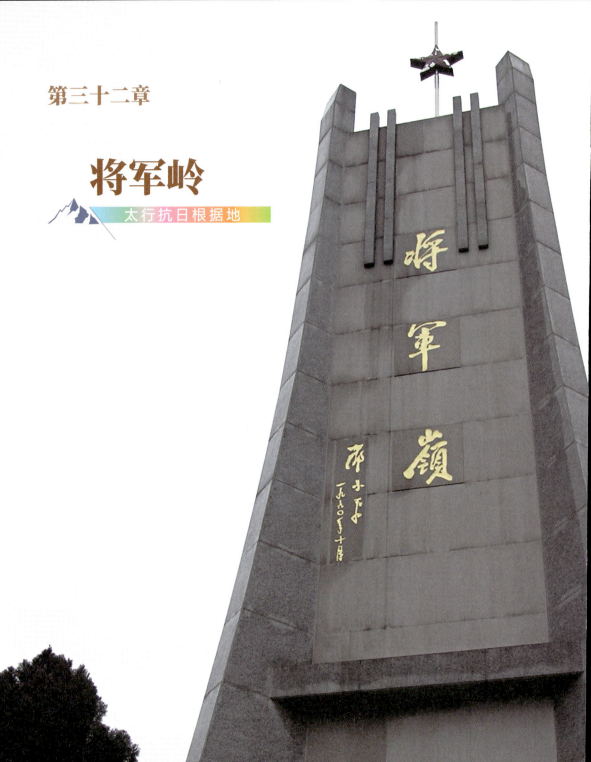

河北名山

Famous mountains in Hebei

第三十二章

将军岭

太行抗日根据地

将军岭原名庙坡岭，位于河北省邯郸市涉县赤岸村北，北靠青山顶，距县城约 10 千米。其山脉呈西北东南走向，长 6 千米，宽 3 千米，主峰海拔 519.7 米，山体为花岗岩及赤红壤。山上生长松树、桉树及其他杂木，森林覆盖率达 80%。抗战时期，涉县是晋冀鲁豫边区的腹心地、首府县，地处华北抗战前哨，是华北抗战的一个战略要地，而这三座农家小院就是根据地的心脏。在这里，刘伯承、邓小平等运筹帷幄，决胜千里，指挥了大小战役，拉开了解放战争战略大决战的序幕，形成了赫赫有名的"刘邓大军"。从这块红色土地上走出了 2 位元帅、3 位大将、18 名上将、48 名中将和 295 名少将。中华人民共和国成立后，先后有几十人担任党和国家重要职务，成为中国第二代领导集体的中坚力量，开创了中国改革开放的历史新纪元，选拔培养了中国第三代领导人，这块红色热土被誉为"中国第二代领导者的摇篮"，它同一二九师的丰功伟绩一起载入中国革命的史册，永放光辉！

原一二九师的将帅们生前心系太行山，逝后魂归将军岭，从 1986 年以后，刘伯承、徐向前、李达、黄镇、王新亭、袁子钦、何正文、赵子岳等将帅的骨灰陆续安放或撒在山上，在骨灰安放处镌刻了将帅雕像和纪念碑，并建造了刘伯承元帅纪念亭。1990 年 10 月，邓小平同志亲笔为"将军岭"题写了岭名，为"刘伯承元帅纪念亭"题写了亭名。整个将军岭占地 6000 多平方米，群山环抱，风景秀丽，这里是除八宝山以外，安葬共和国元帅最多的地方。

将军岭有许多景点与数字"129"有关。从岭下向上攀登 129 级台阶即刘伯承纪念亭。出纪念亭，向上 129 级台阶可到徐向前纪念亭。从徐向前墓再往上攀登 129 级台阶就到达了将军岭的顶部。将军岭上有各种花岗岩奇石，其中有一石墙，上面自然雕刻着象形文字，宛如天书，凡人不识是何字。其山上尚有一个石岩洞，旧时岩洞内有玉皇大帝、太上老君、观音菩萨等神像，宛如仙宫。

·一二九师司令部旧址

一二九师司令部旧址，位于河北省涉县赤岸村中央，占地面积8320平方米，由三个具有北方民族风格的四合院和广场、防空洞等组成。1937年抗日战争爆发后，八路军一二九师在刘伯承、邓小平率领下，为拯救中华民族，临危受命，东渡黄河，挺进太行，进驻涉县，在抗日战争中艰难地创建了全国面积最大、最巩固的晋冀鲁豫边区抗日根据地。现开办六个固定展室，即刘伯承、邓小平、黄镇、李达遗物陈列室，军政办公室原状陈列，反映抗日战争及解放战争时期的战地太行木刻版画展室和三个革命文物展室。同时开设的还有一二九师司令部旧址中刘伯承、邓小平等人的旧居。

刘邓旧居

会议室

邓小平宿办室

司令部旧址

· 一二九师陈列馆

　　一二九师陈列馆坐落在河北省邯郸市涉县赤岸村附近的将军岭上，与司令部旧址一里之遥。陈列馆建筑总面积2252平方米，共分五个展室、一个序厅和一个《挺进太行》的半景壁画室。

　　一二九师陈列馆记录和传承着这一抗战史和精神，从最初的几座四合小院，发展到现在成为一处集参观、瞻仰和学习为一体的多功能、全方位爱国主义教育基地。原貌保存的旧址、陈展内容先进的陈列馆和规模宏大的将帅墓地——将军岭，三组建筑的组合在全国罕见。

　　陈列馆中珍藏着500余件一二九师指战员用过的刀枪弹药、娱乐器具等战斗和生活用品，以及缴获日军的指挥刀、汽车等物品。其中《我们在太行山上》陈列馆由序厅、五个展室和半景画馆组成。围绕"我们在太行山上"这一主题，共分为四大部分，集中反映了八路军一二九师转战太行、创建晋冀鲁豫抗日根据地、千里跃进大别山等为中华民族的解放事业作出历史性贡献的光辉历程。

·长眠在将军岭的将帅

刘伯承墓

　　刘伯承元帅墓位于将军岭的第一个 129 级台阶处，并修建了纪念厅。纪念厅的正中央是用花岗岩雕刻的刘帅坐像，雕像的左边有一石碑，石碑上雕刻着徐向前元帅亲笔题写的"伟大的无产阶级革命家刘伯承元帅之部分骨灰葬于此"，背面刻着徐向前元帅所作七律诗《悼刘伯承元帅》："日暮噩耗遍京城，泪雨潇潇天地倾。垂首山川思梁栋，举目九天觅帅星。渊渊韬略成国粹，昭昭青尺记殊荣。涂就七言染素绢，十万军帐哭刘公。"刘伯承元帅于 1986 年 10 月 7 日在京逝世。按照他的遗嘱，10 月 27 日由刘帅的子女以及中央军委办公厅、总参管理局负责同志护送，将刘帅的灵骨安放在此。

刘伯承元帅纪念亭

徐向前墓

　　徐向前是伟大的无产阶级革命家，军事家，中国人民解放军创建人和领导人之一，中华人民共和国元帅。徐向前于 1990 年 9 月 21 日在京逝世。按照他生前的遗嘱，11 月 9 日，将他的一部分骨灰由直升机撒在将军岭上，另一部分撒在西路军河西走廊一带。徐元帅的全身站立雕像立于平台中央，徐帅像手持望远镜，遥望太行群峰，好似尚在指挥千军万马，奔驰疆场，与敌对垒。

徐向前元帅雕像

黄镇墓

　　黄镇将军于 1989 年 12 月 10 日在京逝世。黄将军生前曾留下遗愿："生前追随刘伯承元帅挥师太行，浴血奋战；死而心系老区人民，伴随刘帅遗骨回归太行，世世代代同老区人民在一起。"根据他的遗愿，1990 年 1 月 14 日，由其子女护送，将黄镇将军的灵骨安放在刘帅纪念厅的左后侧，并在石砌的平台中央立黄镇将军半身花岗岩雕像。坐像的四面雕刻着黄镇将军的生平简介。坐像的左侧石碑上雕刻着邓小平所题"将军不辱使命"，背面刻着江泽民所题"为党为民忠心耿耿，无私无畏正气长存"。坐像的右侧石碑正面刻着"中国共产党优秀党员、久经考验的忠诚的共产主义战士、无产阶级革命家、杰出的外交家、我党我军优秀的政治工作和文化工作领导者、中共中央顾问委员会常委黄镇同志永垂不朽"，背面刻着著名文艺理论家林默涵所题"革命先驱，征途未搁丹青笔；艺坛巨匠，遗迹仍留翰墨香"。

黄镇将军雕像

李达墓

李达，无产阶级革命家、军事家，原一二九师参谋长，于1993年2月12日在京逝世。按照他生前的遗愿，9月8日将李达将军的骨灰安放在将军岭黄镇将军墓地的右侧，墓地平台上立有李达将军半身石雕像。雕像的前左侧石碑上刻着"中国共产党的优秀党员，久经考验的共产主义战士，无产阶级革命家、军事家李达永垂不朽！"雕像前右侧石碑上刻有江泽民的题词："多智善谋，功勋卓著"。

何正文墓

中国人民解放军副总参谋长，原一二九师七六九团参谋长，太行军区第二、五军区参谋长，第六分区副司令员兼参谋长何正文将军的骨灰，于2001年5月14日由家人护送，安放在涉县将军岭上。

1996年4月6日，原太岳军区政治部主任、晋冀鲁豫军区政治部副主任王新亭将军的骨灰由其家人护送，安放于涉县将军岭上。

1997年3月29日，原太行军区政治部副主任袁子钦将军的骨灰安放于将军岭上。

1997年6月13日，原太行剧团团长，著名表演艺术家、社会活动家赵子岳同志的骨灰安放在将军岭上。

2001年10月1日，第三届、第四届河北省委书记邢崇智的骨灰，由家人护送安放在将军岭上。

· 导览图、行车路线

1. 自驾路线：青兰高速行驶至涉县东收费站出口驶出，直行行驶入北岗中桥，行驶 580 米向左前方转入将军大道，行驶 8.2

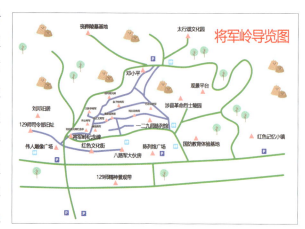

将军岭导览图

千米右转进入 219 乡道，继续行驶 960 米可到达将军岭景区附近。

2. 公交路线：在邯郸市汽车客运总站乘坐 812 路（邯郸至涉县方向）公交，经过 2 站到达涉县汽车站，步行约 610 米到达百米桥站换成涉县 2 路（八五医院［循环线路］至南原村方向）公交，经过 10 站在南原村下车，步行约 1.5 千米可到达将军岭景区。

刘邓和他的战友们

第三十三章

中皇山
中国五大祭祖圣地之一

在河北最南部太行山的崇山峻岭之中清漳河左岸，有一奇绝山峰，此山峰孤立于群山之间，形状好似屏风，古人称其为"中皇山"，这是中国五大祭祖圣地之一。祭祖之地就是位于中皇山中的娲皇宫。娲皇宫是中国神话传说女娲娘娘炼石补天和抟土造人的地方。这里是全国规模最大、开始时间最早、影响力最广的奉祀女娲的历史文化遗存，被世人称为"华夏祖庙"。每年农历三月初一至三月十八，为女娲诞辰、女娲祭奠之日，这几天全国各地人民以及海外华侨前来祭拜华夏女娲诞辰。

娲皇宫始建于北齐时期（550~577年），至今已有1400多年的历史，起初是北齐文宣帝高洋所建的离宫，规模很小，只建造了三间石屋，雕刻了几尊神像。千百年来，娲皇宫经历了数代的焚毁，又经过几代人的翻建与扩建，现如今占地面积76万平方米。我们现在看到的建筑大多是明清时期留下来的，北齐的建筑只有石窟与摩崖刻经保留下来。此处的摩崖刻经共六部，是至今为止中国保存下来最早、字数最多的一处，被誉为"天下第一壁经群"。

古中皇山碑

娲皇宫修在地势险要的中皇山半山腰的一个平台上，平台上建有娲皇阁、梳妆楼、迎爽楼、钟鼓楼、六角亭、木牌坊、皮疡王庙、水池房及山门等大小十二座建筑。娲皇宫的特点可以由九个数字概括：一座吊楼，二种宗教，三个石窟，四组古建，五种刻经，六部经文，七尊塑像，八大功绩，九根铁索。其中二种宗教包括道教和佛教，九根铁索是娲皇宫与山体连接由九根铁索固定。娲皇宫占地面积15033平方米，共计135间房屋，75通碑刻。亭台与楼阁依山修建，风景优美，是河北省古建筑十大奇观之一，自古就有"蓬壶仙境"的美称。

· 娲皇阁

　　娲皇阁作为娲皇宫的主要建筑，坐落在中皇山的半山腰上，处在娲皇宫四层中的最高层，依山崖峭壁修建。娲皇阁总共分为四层，其中第一层为拜殿，其他三层均为楼阁，总高 23 米。娲皇宫的第一层为北齐天保年间修建的石窟，是娲皇宫修建最早的建筑。娲皇宫的第一层楼阁名为"清虚阁"，第二层楼阁名为"造化阁"，第三层楼阁名为"补天阁"。其中娲皇阁与山体由九根铁索连接固定，铁索的一头连接娲皇阁，另一头连接在山体上修建的八个"拴马鼻"上。因为娲皇阁修建于中皇山的半山腰，背靠悬崖，且只有九条铁索连接，每当旅游旺季游客集中时，娲皇阁会略有前倾，还会有颠簸的感觉。每到三月十八日庙会时，全国各地游客聚集此地时，整个楼阁会整体晃动，且九根铁索会哗哗作响。素有"吊庙""活动楼"之美称，因此娲皇阁被世人看作建筑史上的奇观。

·摩崖刻经

摩崖刻经位于娲皇宫后面的崖壁上，该经群是北齐时期保留下来的，是保留时间最早且字数最多的一处，多达 13 万字，总面积 165 平方米。其中最大一处面积为

54.18 平方米，字数多达 4.1 万余字，包括六部刻经，即《思益梵天所问经》《十地经》《佛垂般涅槃略说教诫经》《佛说盂兰盆经》《深密解脱经》《妙法莲华经》。该经群字体有隶、楷、魏碑体，所刻内容均为佛教的经典，这为当时北齐时期的佛教研究提供了正规的资料。摩崖刻经是我国乃至全世界佛教典籍中珍贵的文化遗产，也是娲皇宫古迹的精髓。娲皇古迹开始崇佛刻经，随后建立阁楼修建神像，这也符合我国古代崇佛与崇神并举的多种崇拜的宗教观念。

· 女娲补天的传说

　　传说，盘古开天辟地后，天上有了太阳、月亮和星星，地上有了山川草木和鸟兽虫鱼，可是唯独没有人类，天神女娲就按照自己的模样抟黄土创造了人类。由于大地非常广袤，抟黄土造人又累又慢，女娲就将一根藤条伸到泥潭中，然后举起沾满泥浆的藤条向大地挥洒，泥点溅落到地上就变成了人。

　　正当女娲为自己的"发明"高兴时，一场灾难却突然降临。原本一片祥和的宇宙瞬时间变了模样，天塌了，地裂了，山林燃起了大火，大地一片汪洋。女娲看到自己创造的人类遭受如此大的灾难，难过极了，她决定挺身而出，拯救人类。可是怎样才能补好残破的苍天呢？女娲想了又想，突然想起涉县凤凰山（即中皇山）一带是最好的炼石补天之地，于是她迅速来到这里，开始炼五色石，修补苍天。果然，天上的窟窿很快就补好了。

　　可是女娲怕天会再崩塌下来，就斩下一只大龟的四只脚，以凤凰山为中心将龟脚竖立在大地的四方，把天空牢牢地支撑了起来。从此"苍天补，四极正，淫水涸，冀州平"。后人为了纪念女娲，就在女娲炼石补天的地方建起了娲皇宫。

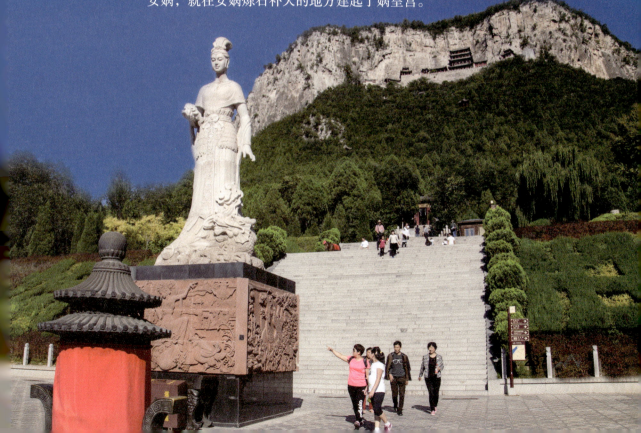

·石刻博物馆

　　石刻博物馆位于娲皇宫景区内，总面积达 350 平方米。整个博物馆按年代的顺序分为三个展厅。第一展厅为北齐时期的石刻展，第二展厅为隋、唐、宋、金、元五个朝代的石刻展，第三展厅为明代、清代以及民国时期的石刻展。展馆内的石刻多以表现佛教活动为主，主要单体造像、造像塔和造像碑三个类型，包括了从北齐到民国时期不同的雕刻技艺及雕刻的风格。展馆内还陈列着 110 余件石刻展品，每件石刻展品都通过石刻本身特点打造，具有极强的艺术效果。

·导览图、行车路线

　　1. 自驾路线：青兰高速行驶至涉县东收费站出口驶出，直行行驶驶入北岗中桥，直行 340 米向左前方转入北岗中桥，行驶 230 米进入将军大道，行驶 7.6 千米右转进入 213 省道，行驶 6.8 千米右转进入 205 乡道，行驶 2.2 千米后向右后方转入内部道路可到达中皇山景区附近。

　　2. 公交路线：在邯郸市汽车客运总站乘坐 812 路（邯郸至涉县方向）公交，经过 2 站到达涉县汽车站，步行约 610 米到达百米桥站换成涉县 2 路（八五医院［循环线路］至南原村方向）公交，经过 10 站在南原村下车，南原村距中皇山景区约 8.6 千米，可自行解决交通。另外，在邯郸汽车客运总站每天早晨有班车可直达中皇山景区。

第三十四章

庄子岭
太行深处红叶山

在河北涉县太行山深处有一名为庄子岭的山。其位于邯郸县北部、偏城镇大岩村村东，主峰海拔约 1130 米，是一处集自然风光与红色文化于一体的景区。主要景点有，道士帽海、天门、一线天、茶壶峰、悬崖瀑布、藏兵洞、藏宝洞等。庄子岭景区以秋天红叶最为著名，夏秋季节植被茂密，霜降后，满山遍野的黄栌树变成血般的鲜红色，庄子岭从山上到山下被红叶所装点，层林尽染。

庄子岭是著名红色革命教育基地，抗日战争时期还是八路军的后勤基地，是和日寇游击战的地方。这里涌现出很多抗日英雄和模范人物，并在此留下革命遗迹，因此被称为红色庄子岭。

· 庄子岭红叶

"远上寒山石径斜，白云深处有人家。停车坐爱枫林晚，霜叶红于二月花。"这是唐代诗人杜牧写红叶的一首诗。的确秋风萧瑟以后，林木凋零。然而山中忽现鲜艳的红叶，一扫悲秋之意，让人顿觉精神一振。红叶是历来诗人作家歌咏的对象。太行山红叶红，庄子岭红叶更红。庄子岭生长着一种名黄栌的乔木，其叶呈卵形，每当秋季受气温光照的影响其叶内的花青素增多就变成了鲜红色。庄子岭赏红叶最好的地方是庄子岭碑到李才清故居这一段。红叶满山遍野，远看红似火，特别是朝霞和夕阳西下时，红叶和红霞连成一片，更是叶红霞满山。人在山上红叶触手可及，红光映山映面红。庄子岭红叶似霞，似云，似血，原因是当地黄栌树种好，黄栌耐干旱，耐贫瘠，在太行山土石中迎着阳光红红火火顽强生长。这多么像当地的父老乡亲，在这大山贫瘠的土地上流血流汗支撑着抗日英雄部队，直至取得胜利，成为红色的庄子岭。

· 藏兵洞、八路军碑

半山腰的"天门"山下，有着一片石头房子，女主人名叫李才清，在1942年日本鬼子"大扫荡"时，冒着生命危险保护了五十多名八路军伤病员、三十二驮军饷银器和三部电台等大量军用物品。抗日战争胜利四十周年时，《人民日报》对其事迹进行了报道，涉县县委、县政府授予其"八路军母亲"称号。"藏兵洞"和"藏宝洞"至今保持原样。如今，庄子岭已经成为革命传统教育基地。

碑志

藏兵洞

李才清故居

·八路军母亲李才清

　　抗日战争时期，著名女英雄母亲李才清，她家先后住过五十多位八路军伤员，八路军首长用大队骡马把伤员和三十二驮冀南银行钞票，八大箱金银器交给李才清照顾。李才清和家人将人和东西分别安顿，把人藏在最隐蔽的几个山洞里面；将钞票藏在山洼里不同地点的卵石下面，把金银器埋在牲口棚的粪便下面，如果自家人不说，谁也不会发现。李才清一家熟悉地形，白天敌人搜山就躲藏起来，夜里敌人撤了，全家人赶紧烧火做饭，趁着夜色把饭送到每个伤员手里。她把多年积攒下的小米、玉米炒面、

李才清

柿子炒面全部拿出来，不管刮风下雨，从来没有缺过一顿饭。在日军围攻八路军时，李才清家人多次冒着生命危险出没于敌人的枪林弹雨之中，轮流到各个山洞给伤员送水送饭，熬药、喂药，一直坚持到反"扫荡"胜利后，李才清一家保存看管的钞票一张没少，银器一两没缺，服装药品一件没丢，伤员干部安全返回各自部队。

·导览图、行车路线

1.自驾路线：

1）涉县走省道 202 到东豆庄北拐（左），上县道 155，约 40 千米到青塔湖水库继续直行，顺右走约 7.5 千米到头，即到庄子岭山脚下。青塔湖水库大坝坡陡只能中巴以下的小车能上。

2）涉县走省道 213 到索堡镇右拐上县道 155，到偏城镇直行（左）上阳索线，约 45 千米一直到青塔村（青塔湖边），过桥北行（左），前行顺右走约 6 千米到头，即到庄子岭山脚下。

2.公交路线：邯郸—涉县—大岩乡村公交 至大岩村即到。

　　《河北名山》一书经过几年断断续续的实地考察、资料收集、文字编写及图片整理，最终在河北美术出版社出版发行。名山采编过程实际上也是一个学习和研究的过程，本书从历史、地质、地理、宗教社会学、动植物学及民间传说、神话故事等多方面展现各个名山的风采和人文，便于读者全方位地了解它。

　　在此书采访和编辑过程中，得到了名山所在县市的大力支持。名山和景区管理等部门给我们提供了一些宝贵文字和图片资料，省摄影家协会和摄影家也给予我们大力帮助。

　　此书虽经精心编写，但由于年代久远，涉及的内容太多，可能有些地方表达得不够准确。所介绍的行车路线，由于道路交通不断修建可能有所变化。不足之处，请大家谅解。

《河北名山》编委会

策　　划：白润璋　　王国强　　孙文良　　李　彬　　康学英
　　　　　姚金波
主　　任：王国强
执行委员：丁　杰　　孙太行
摄　　影：白润璋　　王国强　　孙太行　　边东风　　白国玉
　　　　　曹静彬　　陈丽艳　　大　牛　　杜江云　　董建寅
　　　　　董建伟　　冯延军　　耿兆平　　何志利　　胡士彪
　　　　　李盼威　　李现雨　　李玉亮　　李占峰　　梁永刚
　　　　　刘斧修　　刘国利　　刘红根　　刘卫民　　刘耀武
　　　　　孟凡水　　南德豪　　任晓静　　申丽广　　史国英
　　　　　孙　合　　苏志强　　佟永理　　王金磊　　王守民
　　　　　王晓冬　　徐树春　　姚金波　　闫利霞　　杨　成
　　　　　杨　春　　杨建国　　于正万　　张二合　　张维平
　　　　　张希军　　张兴林　　赵广林　　朱黎明　　邹　瑜